I0672696

MARIELLA PLUMERI CATERINI

IN INDIA CON LAKSHMIN

ROMANZO

1ª edizione Gruppo Albatros – giugno 2010
2ª edizione Create Space marzo 2016

Impaginazione: Silvia Magli
silviamagli8@gmail.com

ISBN: 978-88-940362-9-9

PREFAZIONE

L'India si ama o si odia, non ci sono vie di mezzo.

Il viaggiatore che si trova a visitarla ne resta inevitabilmente sbalordito, affascinato, travolto da sensazioni che sembrano amplificate. Gli sembra quasi di "respirare" quelle tradizioni millenarie, minimamente scalfite da anni di colonialismo britannico e dall'attuale irrompente sviluppo economico.

Mariella Plumeri Caterini non sfugge a questa sorte. Visita l'India, la vive, la assapora.

È l'India che, con la sua spiritualità e le sue assurde contraddizioni, ispira questo romanzo.

E Plumeri si spinge in un'altalena di situazioni tra l'India e l'Europa che portano a riflettere sui temi antichi ed attuali delle differenze e i condizionamenti sociali, dei rapporti spesso difficili tra uomini e donne, i mancati dialoghi tra genitori e figli e, ancora più nel profondo, dell'amicizia e del destino. Ed è proprio l'amicizia tra due ragazze, una indiana e una italiana, che fa da filo conduttore a questo romanzo, prevalentemente al femminile. L'India si scopre nei loro dialoghi, tra domande e risposte intuite, nel loro antico legame, al di là delle barriere fisiche del corpo e della morte, nelle immagini fissate come su pellicola dallo stile sintetico ed incisivo in cui ogni parola porta il peso di un significato.

I temi del karma e della reincarnazione, peraltro sempre e soltanto sottintesa, rappresentano il substrato del romanzo su cui si appoggia tutta la storia. Il trascorrere del tempo vede il ripetersi di situazioni con le protagoniste in ruoli diversi.

Il contrasto, o forse la complementarietà tra rassegnazione e trasgressione, nell'utopico desiderio di cambiare il mondo immutabile, danno una conformazione circolare al romanzo, in cui inizio e fine sembrano sovrapporsi per ripetersi ancora. Ma la lunga ricerca e la percezione di sé della protagonista che è sempre presente nella storia, lasciano aperto lo spiraglio del libero arbitrio e della responsabilità delle proprie scelte.

Roberta Ferri

PER ME

Per me l'India sei tu Lakshmin. L'anima grande e pura dell'India. Le tue parole. Il tuo respiro, la tua innocenza, la tua onestà. La mia mano con la tua, unite, nella mano arida e scagliosa di Bhagirato. I nostri dialoghi. Il tuo coraggio e le mie paure. I tuoi occhi scuri e la tua treccia nera. Il sari e la musica penetrante della sitar. La tua determinazione, Lakshmin. Il mio amore per te. Il tuo pensiero sempre presente. Il nostro dialogo mai interrotto. Gli altri, solo nebbia nello scorrere delle nostre giornate. I miei genitori. I tuoi, i nostri fratelli. Lilith, ombra silenziosa che ti accompagna. E Vasuki. Quanto è stato importante per te Vasuki? Avrei voluto in qualche modo proteggerti, da Vasuki e da Lilith. Prendevano spazio nel tuo cuore. Si nutrivano della tua anima. Era gelosia o premonizione? So che, per me, ci sei sempre stata, Lakshmin. Sento sempre la tua presenza vibrarmi accanto.

Mirna

Non ricordava la casa dei nonni così poco luminosa. Non basta adesso spalancare le finestre. In alcune stanze è necessario tenere la luce quasi sempre accesa. Forse, quando era molto piccola e con i suoi familiari era ospite dei nonni, nei viaggi sempre più rari in Italia, l'allegria della vacanza serviva a rischiarare l'interno della casa.

Quando Mirna aveva soggiornato in Italia l'ultima volta, i nonni erano vivi e non ancora tanto vecchi. Mirna bambina aveva soltanto sette anni, suo fratello Fabio dieci. Suo padre, funzionario presso l'Ambasciata Italiana a Londra, in quei giorni era stato destinato all'Ambasciata Italiana di New Delhi. Ancora non sapeva che ci sarebbe rimasto fino all'età della pensione. La mamma, alla notizia, s'era fatta venire "l'esaurimento nervoso". Così definiva suo padre quella che i medici chiamano depressione. Lui affermava che il concetto è lo stesso, non basta una definizione diversa per cambiare la sostanza. Franca, la moglie, probabilmente presagiva che in India ci sarebbe invecchiata e poi morta, più di nostalgia che d'insufficienza cardiaca. In quegli anni, Mirna bambina vide spesso sua madre con gli occhi arrossati. Lei spiegava che si trattava di allergia, la figlia, più di una volta, l'aveva sorpresa a piangere.

Mirna e Fabio, quando appresero della nuova destinazione, si entusiasmarono. Nessun rammarico nel lasciare l'Inghilterra, dove avevano risieduto per tre anni, né per dover allontanarsi così tanto dall'Italia. I due bambini fantasticavano dell'India di Sandokan, di Aladino e della sua lampada e si sarebbero ambientati molto bene in quel grande paese così variegato nel bene e nel male. Segno che non avevano radici. Da adulti si sarebbero sentiti fuori posto in ogni luogo. A Delhi, c'erano altri bambini che frequentavano la scuola privata delle suore. Erano figli d'impiegati e funzionari delle Ambasciate, sia italiana che di diverse nazionalità. La lingua ufficiale era quella inglese e loro, che già la conoscevano, si sentirono forti di un bell'accento londinese. Anche le suore erano di nazionalità varie, ma tutte cattoliche e, probabilmente, speravano, nel segreto del loro cuore, di convertire chi non professava la loro religione. Per la verità, ai bambini, la religione importava poco. È un'esigenza che si avverte crescendo, quando non sei più tanto innocente. Per il momento, pareva divertente confrontarsi con usanze e convinzioni nuove, soprattutto indiane che sapevano di favola. I compagni di scuola, di tradizione induista, erano tutti di famiglia socialmente elevata, altrimenti non avrebbero potuto permettersi quella scuola privata. Non soltanto perché costosa, ma anche perché le differenze di casta in India sono insormontabili. Anche se non hanno più valore giuridico sono molto rispettate nella vita quotidiana. Non c'era occasione, quindi, di confrontarsi con bambini delle caste inferiori che poi erano anche le più povere e rappresentano la grande maggioranza dell'India. Per non parlare dei *fuoricasta*, candala, o paria, considerati intoccabili, nello stesso tempo... indispensabili, poiché svolgono lavori considerati impuri.

La suora le indicò: – C'è un posto libero accanto a Lakshmin... –.

Ad essere sincera, fu l'incontro con te, bambina indiana, a farmi accettare l'India come fosse stata la mia terra da sempre.

Le altre bambine si erano già "scelte". Erano tutte in coppia al proprio banco e chissà come mai Lakshmin era rimasta sola al primo posto della terza fila. Forse era arrivata in ritardo rispetto alle compagne, poco prima di Mirna. O, semplicemente, aveva lasciato che le altre corressero dietro. Si sa, il primo banco di scuola non piace a nessuno.

O forse, conoscendoti dopo, come ti avrei conosciuta, avevi destinato a me quel posto libero.

Lakshmin sorrise, tenerissima. Aveva immensi occhi neri evidenziati dal kajal e una grossa treccia bruna sulle spalle. Mirna la vide bellissima, come la protagonista di una fiaba orientale. Fu molto contenta di sederle accanto. Ancora non sapeva che sarebbe diventata la sua migliore amica. Ma sarebbe più giusto dire "l'unica".

In quella casa c'è odore di muffa e d'abbandono, Mirna non crede che potrà resisterci a lungo. L'attico alla periferia di Londra aveva un'ampia terrazza ed enormi finestre che prendevano tutta una parete. La prima volta che vi entrò era eccezionalmente una giornata di sole, le sembrò luminosa, quasi radiosa. George fece il gesto classico, un po' teatrale, di sollevarla in braccio per varcarne la soglia. Lo sentì vacillare nello sforzo, le venne quasi da ridere, si controllò per non mortificarlo. Aveva ventidue anni e lui quaranta, quasi il doppio dei suoi, ma era ancora un uomo affascinante. Quando le aveva chiesto di sposarlo, aveva accettato prima ancora di parlarne con i propri genitori. Lo avrebbe fatto più tardi, al telefono. La mamma avrebbe trovato un'altra ragione per piangere, ma non sarebbe riuscita a dissuaderla. Mirna, allora, era convinta d'essere molto innamorata di George ma... Ma è anche vero che, in quell'occasione così importante e definitiva, non aveva avuto accanto un'amica con cui confidarsi e consigliarsi.
La storia, a distanza, diventa banale.
S'era sentita lusingata, durante gli anni del College, per le attenzioni discrete di quel suo insegnante. Concluso il ciclo di studi, George si era fatto avanti più esplicitamente.
– Lei sta cercando un lavoro, mia sorella Daisy ha bisogno di un aiuto per la sua libreria. Sta diventando pesante gestirla da sola e, d'altra parte, io ho già la mia professione... Prati-

camente, un lavoro d'impiegata, o di commessa, come dite voi in Italia, ma, certo col tempo, potrà capitarle di meglio –.
– Adoro i libri, perfino il semplice contatto e l'odore della carta appena stampata mi procurano una specie d'ebbrezza. E poi amo moltissimo leggere, naturalmente –.
Un modo come un altro per cominciare una relazione.

Tu Lakshmin diresti che quell'ilarità repressa, sulla soglia di casa, fosse il segnale di quanto sarei stata infelice con lui. Anni difficili e senza amore. Eppure, Lakshmin, ho vissuto con mio marito diciotto anni, prima di lasciarlo. Quindi devo avergli voluto bene, non credi? O è stata rassegnazione, inerzia... O accettazione, secondo la tua filosofia, Lakshmin?

Mirna decide che toglierà quella carta da parati. Così tenacemente incollata alle pareti come ricordi che si vorrebbero cancellare. È davvero orribile. Grigia di polvere e di tempo, ha assorbito solitudine e tristezza. Prima, la morte del nonno e, dopo cinque anni, quella della nonna. Telegrammi e telefonate inutili. Lacrime della mamma che si sprecarono. Ma sua madre non ebbe il coraggio di tornare in Italia. Tutte quelle ore di volo... Fragilità fuori e dentro. Non era una colpa, ingiusto accusarla di scarsa intraprendenza.

Mi parlavi del karma, Lakshmin, nasciamo e già siamo programmati.
Ti chiedevo: – Siamo scelti o scegliamo? –.
– Solo il Buddha può scegliere di nascere –.
Ti scandalizzavi per certe mie interpretazioni. Mi spiegavi la legge di causa ed effetto, inesorabile. Io ci scherzavo sopra, tu avevi una grande pazienza.

Le aveva confidato di sé e della propria famiglia, di quanto soffrisse di notte, ascoltando il pianto di sua madre nella stanza accanto. La sapeva sola, nel grande letto matrimoniale. Infatti il marito si assentava quasi tutte le notti. Spesso in viaggio, così si giustificava, o ospite di amici in qualche altro Stato dell'India. O chissà dove.

– Quindi il karma sarebbe una specie di condanna per le colpe di una vita precedente? –.

– Non riesco a spiegarti. Non è una condanna, è ciò che deve essere, prove diverse da affrontare, o accettare. L'accettazione è l'impegno più difficile. Intendo accettare il proprio karma senza ribellarsi o soffrirne. Non so dirti molto di più. Qualcuno afferma che, per completare il ciclo, sia necessario vivere tutte le esperienze possibili. In varie esistenze, gioia o dolore, peccati o virtù. Vedi, le rinascite possono anche essere la conseguenza del desiderio insoddisfatto, almeno secondo qualche diversa interpretazione... Io ancora non riesco a farmi un'idea precisa. L'India è la terra delle tante filosofie. Da ciascuna si sviluppano molte varianti –.

– Ma, secondo te, è giusto nascere già segnati, senza scampo? Chi vive una vita spensierata e felice, dopo, dovrà scontarla? –.

Tu ridevi, Lakshmin. Segno che eri poco convinta che la verità stesse da una parte sola...

– E il 'libero arbitrio', Lakshmin, dove si colloca il libero arbitrio? –.

– E come si può stabilire se libero arbitrio sia frutto di una scelta personale o, viceversa, sia già stato previsto e quindi faccia anch'esso parte del karma? Ma ammettiamo che sia possibile lottare e modificare il proprio karma, sarebbe soltanto rimandare la conclusione del ciclo di esperienze –.

– Voi lo chiamate karma, noi destino. Non credo nel destino, o karma, come lo chiami tu, Lakshmin. Io credo che la vita sia frutto di scelte più o meno giuste o sbagliate, delle quali ogni individuo è responsabile. Troppo comodo scaricare le proprie responsabilità nel concetto di karma –.

– Anche i terremoti, le alluvioni, gli incendi, i naufragi, la malattia... E perché alcuni si salvano e altri muoiono, senza tenere conto dell'età, di quanto sia stata felice o infelice una persona fino a quel momento? –.

– Quelle sono cause al di fuori della volontà di un individuo, fatalità –.

– Destino, fatalità, karma: c'è differenza? –.

– Dovessi tornare in migliaia di diverse esistenze, vorrei scegliere e decidere da sola. E poi la religione cristiana non contempla il concetto di reincarnazione –.

– La religione cristiana, o i testi modificati dagli uomini secondo il proprio tornaconto? –.

– Questo vale per tutte le religioni, Lakshmin –.

– Io ascolto il mio cuore. Anche se leggo e studio i testi sacri, non mi faccio influenzare da una filosofia più che da un'altra. Tutte nascono dall'esigenza di dare una ragione d'essere alla vita terrena, tutte hanno profonde verità che coincidono fra loro. Ma tutte, secondo me, sono parziali e imperfette. Ci affanniamo nell'identificazione di un'ORIGINE o PRINCIPIO. Vogliamo avere conferme della nostra origine divina per esorcizzare la paura della morte. Io mi sento induista, ma anche cristiana o buddista o mussulmana... Per questo devo ringraziare mio padre e gli incontri illuminati che hanno arricchito il suo spirito, rendendolo libero dai condizionamenti. Mio padre è convinto che tutte le religioni conducano al Divino e meritino rispetto, così come tutti gli esseri viventi, donne comprese, devono essere rispettati. E questo, per un indù, è davvero eccezionale. È stata una grande prova d'amore per me, che mi abbia permesso di continuare gli studi, esattamente come a mio fratello Rajesh, di iscrivermi e frequentare la scuola delle suore cristiane. Ha considerato soprattutto la loro cultura e la loro moralità, senza preoccuparsi del "pericolo di conversione". Se il mio promesso sposo mi rifiuterà, lo spero molto, probabilmente sarò libera di seguitare gli studi in un College londinese –.

Io però, Lakshmin, sapevo, da certi discorsi o pettegolezzi in casa mia, che tuo padre aveva fatto un patto con la direttrice del collegio all'atto dell'iscrizione: di non forzarti a scelte religiose, anzi di esentarti da quel tipo di lezione.

Lakshmin, alcune volte, usciva in giardino durante l'ora di religione portando con sé un libro. Altre, preferiva rimanere in classe, specialmente durante la stagione delle piogge. Seduta, lo sguardo incollato alle pagine di un testo scolastico, sembrava fosse distaccata dall'ambiente intorno, ma Mirna era convinta che seguisse attentamente la lezione. Il padre di Lakshmin era un uomo molto ricco e importante, come del resto anche i padri delle altre allieve e, oltre la retta molto cara, faceva anche generose elargizioni. Le suore destinavano il denaro in beneficenza soprattutto ai bambini poveri e malati dell'India. Le suore, oltre che religiose, erano anche donne intelligenti. Non avrebbero commesso l'errore di affermare che la religione cristiana sia l'unica giusta, né quello di contrariare un loro benefattore. Le scuole femminili, in India, non erano affollate come quelle maschili, tantomeno le scuole superiori, perché l'istruzione femminile non era considerata necessaria.
Le conversioni al Cristianesimo avvenivano prevalentemente nelle classi sociali più povere e derelitte, dove, facendosi cristiani, c'era la speranza illusoria d'infrangere la legge inesorabile delle caste. Soprattutto per i "paria", gli intoccabili, i senza casta, considerati meno di esseri immondi, in un paese dove gli animali sono tutti rispettati e considerati sacri.

Mi avevi anche chiesto di regalarti una copia del Vangelo e io avevo esaudito il tuo desiderio. Sapevo che leggevi di notte, ti bastavano pochissime ore di sonno.

Tuttavia, a Lakshmin, non era negato l'accesso alla biblioteca di suo padre, dotata di migliaia di testi importanti, compresi quelli sacri di tutte le religioni. Suo padre era un uomo molto colto e anche sempre presente e attento alle esigenze dei propri figli.

A confronto, mio padre era una figura inclassificabile, perfino inesistente.

Morta la moglie di parto, Mukesh Bhaskaran, alla nascita della piccola Lakshmin, aveva giurato a se stesso di rendere i figli immuni dal germe dell'ignoranza. Egli, fra i componenti della propria casta Brahamishi, intellettuali, esegeti, sacerdoti, principi, predominava soprattutto per l'incalcolabile ricchezza, oltre che per la storia molto gloriosa della propria facoltosa famiglia di grandi industriali. Per questo, forse, gli altri avevano chiuso un occhio sulla vicenda sospetta, ma non verificata, della presenza di Lilith in casa loro. C'erano stati sussurri al proposito, nessuna conferma. Aveva ceduto al ricatto della promessa di matrimonio della figlia Lakshmin con il figlio di un altro notabile, con tanto di contratto scritto. Così non erano state condotte indagini approfondite sulla presenza di Lilith in quella casa. Non c'è da illudersi che fosse un segnale di cambiamento in India, solo l'attrattiva della molto cospicua dote di Lakshmin, figlia di un industriale miliardario oltre che un Brahamani.

Come mai tuo padre, un uomo così evoluto, ti aveva promessa bambina a un altro bambino a te sconosciuto, se la propria esperienza personale, sposato a dodici anni con una moglie di undici, era stata tanto drammatica?

Verso i quindici anni, il loro "filosofare" diventò più impegnativo. Più difficile per Mirna che riconosceva maggior maturità e cultura nell'amica e, a volte, non riusciva a seguirne i ragionamenti.

Lakshmin, oltre a frequentare la scuola delle suore, dove imparava il latino e l'inglese, a casa seguiva altre lezioni impartite da maestri e filosofi indiani. Studiava il sanscrito e il gujarati. Secondo suo padre non si conosce bene l'indi senza imparare anche quelle lingue antiche correlate fra loro. A Mirna sembrava troppa, per una ragazzina sua coetanea, quella mole gigantesca di letture e di studio. E non le era sufficiente la spiegazione del "voto" o promessa fatta dal padre di Lakshmin, in memoria della moglie. Quel concetto di libertà per i figli sembrava a Mirna piuttosto personale. Secondo Mirna, era soltanto un tentativo di esorcizzare i sensi di colpa per la morte della sua sposa bambina.

Non so chi ti avesse raccontato la storia dei tuoi genitori; forse circolava fra la servitù. O la stessa Lilith aveva ceduto alle tue domande. E non capisco come, anche lei, nella sua posizione per molti discutibile, potesse essere così informata.

I genitori di Lakshmin si erano sposati quindi a dodici anni lui e undici lei, secondo le usanze praticate anche nelle caste "privilegiate" in India.

La sposa era bellissima.

Tu avevi ereditato la sua bellezza, Lakshmin.

Allo sposo, Mukesh Bhaskaran, precocemente adulto nel fisico, sembrò una fortuna talmente gigantesca che gli prese il terrore di vedersela sfuggire. Seguiva gli studi con scarso profitto, la sua mente era sempre rivolta alla sposa bambina. Lei, invece, era analfabeta e non parlava quasi mai. Le avevano insegnato che bisognava assecondare sempre le richieste del marito.

Chissà se ci fu amore fra loro, o soltanto eccessivo, canniba-
lesco desiderio del ragazzino dagli ormoni impazziti. Non
si saziava mai di lei. Non rispettò neanche gli ultimi giorni
della gravidanza dalla quale sarebbe nato tuo fratello Ra-
jesh, né resse più di una settimana dopo il parto.

La moglie bambina aveva rischiato di morire già al primo
parto ma, dopo soltanto un mese, era incinta di nuovo. Morì
nel mettere al mondo Lakshmin. Il marito, disperato e scon-
volto dal rimorso, fece voto di castità. Espiazione per aver
"ucciso" la moglie, a causa della propria "sconsiderata lus-
suria". Almeno così gli fecero intendere i familiari e i maestri. Aveva "divorato" le carni tenere della sposa bambina.
Mukesh Bhaskaran mantenne il suo voto di castità. Ma il
proposito di fare della figlia una donna colta e libera di capire
e, quindi, capace di distinguere e scegliere, per riscattare la
memoria della moglie bambina analfabeta, non riuscì a man-
tenerlo del tutto, dal momento che, in seguito, aveva ceduto
al ricatto dei Brahamani.

Mi raccontasti che quando avevi solo sette anni, tuo padre
ventunenne venne a confidarsi con te e, proprio a te chiese
consiglio in seguito alla resa forzata di darti in moglie.

I brahamani gli avevano imposto di allontanare Lilith, la
donna sospettata di essere una intoccabile, colpevole di aver
allattato e allevato una discendente della casta Brahamishi.
Troppo le era stato concesso. Le era stata risparmiata la vita
per l'involontario atto sacrilego, al quale non avrebbe potuto sottrarsi. Grave il contatto fisico con la bambina di così
alto lignaggio. Che fosse servito, quell'atto, a salvare la vita
di Lakshmin non aveva grande importanza. In altra famiglia,
avrebbero certo stabilito di lasciarla morire piuttosto che
farla contaminare da carni immonde. Ma Mukesh, anche se

giovanissimo, aveva mantenuto la freddezza necessaria per organizzare e nascondere quella verità. Ammesso che fosse fondata su fatti reali. Già straziato dalla morte della moglie, non sarebbe sopravvissuto se avesse perso anche la bambina. Del resto, nessun'altra balia era stata trovata nell'immediatezza tragica degli eventi. Aveva saputo che la moglie di un servo, appunto un paria, addetto ai lavori più umili della casa, aveva appena partorito. Di certo, si sapeva che l'uomo era sparito poche ore prima dell'entrata di Lilith. Erano tutte voci o ipotesi, mai del tutto verificate. Nessuno era in grado di dimostrare che Lilith fosse una *candala*. Se fosse stato possibile, si sarebbe potuto ipotizzare che il latte impuro avesse contaminato la bambina. Le parole dei saggi erano state insinuanti e minacciose. Poi, magnanima, l'alternativa del fidanzamento con il figlio del membro più autorevole della casta Brahamishi. E doveva essere legittimato. In tal caso, l'impurità sospetta, sarebbe stata depurata? Lakshmin, nutrita con latte impuro, a essere scrupolosi, poteva avere in sé meno gradi di purezza, rispetto al promesso sposo. Li avrebbe trasmessi ai figli?

Ebbe molto peso, nella soluzione accomodante, la grande ricchezza del padre di Lakshmin, i suoi possedimenti, le sue fabbriche, le sue miniere. E la dote cospicua di Lakshmin. Con la prospettiva di un futuro ripudio, appena fosse stata consumata, dopo qualche anno dalle nozze. Ma no, forse il prestigio della famiglia d'origine le avrebbe risparmiato quell'umiliazione. Era, invece, un rischio comune delle donne di casta minore. Purtroppo molto di peggio, spesso si verificava, mai perseguito dalla legge. Era considerato un'ipotetica, tragica casualità. Ogni giorno, su quotidiani indiani di lingua inglese, si leggeva e si legge, di una qualche moglie morta bruciata. Per sua stessa imprudenza. Essersi, cioè, troppo avvicinata ai fornelli accesi, in cucina, o per un qualche accendino usato male. Drappeggi e veli in fibra sintetica favorivano l'evento. A voler essere pignoli, quasi sempre, l'episodio tragico accadeva dopo che la dote era stata del tutto decimata. Lakshmin sarebbe stata risparmiata? Così potente la sua origine da scongiurare quel pericolo?

Tu, dopo aver ascoltato tuo padre, scegliesti la seconda soluzione. Non volevi separarti da Lilith. Inoltre, a sette anni, l'idea del fidanzamento con un ragazzino di stirpe reale ti lusingò. D'altra parte, anche tuo fratello, aveva ricevuto la proposta di una sua prima sposa promessa, peraltro rifiutata...

Il padre di Lakshmin, nel contratto di fidanzamento, ottenne la clausola della libertà d'istruzione per la figlia, finché avesse dimostrato di essere all'altezza di proseguire gli studi. Riuscì, quindi, in qualche modo, o lo sperò in cuor suo, a offrirle una scappatoia. Il fidanzato, in futuro, per quella clausola, avrebbe anche potuto rifiutarla.

C'erano fra noi anche momenti di sorriso. Mi citavi alcune antichissime sentenze, tradotte dal sanscrito, improntate sui doveri di una moglie indiana. Intendevi sdrammatizzare, io sorridevo amaro.

"Il marito è il dio della moglie, il suo maestro, la sua legge, il suo santuario, il suo voto. La moglie abbandoni ogni altro interesse per onorare soltanto il marito".

"La moglie che muore prima del marito, lo aspetta nell'aldilà. Se muore prima il marito, la moglie fedele deve seguirlo".

Parlavi e riuscivi a incantarmi. Ti volevo bene e detestavo interromperti o contraddirti. Il suono della tua voce era talmente musicale e consolante... Sarei stata in silenzio per ore, soltanto per ascoltarti.

Mirna si era impegnata, per amore dell'amica, a leggere la Bhagavad Gita. Si annoiò a morte con le *favole* che vi erano raccontate, quasi fossero verità. Lakshmin, in seguito, le suggerì di avvicinarsi al pensiero di Ramana Maharshi[1].

– La sua storia ha delle analogie con quella di alcuni santi cristiani. Ramana Maharshi si allontanò, diciassettenne, dalla famiglia benestante per vivere da eremita. Visse alle pendici del monte Arunachalla[2] e mantenne il voto del silenzio che si era imposto. È morto quando io sono nata –.

Sorrise per quella coincidenza.

– Puoi leggere, inoltre, la versione inglese del pensiero di Jiddu Krishnamurti. Più attuale. È ancora vivente e relativamente giovane e nonostante la sua origine indiana, è forse più vicino alla mentalità occidentale –.

Supponeva che Mirna si sarebbe sentita in sintonia con le considerazioni filosofiche di Jiddu Krishnamurti[3]. Esse, in sintesi, escludono i dogmi assoluti. Egli rifiuta di essere considerato un Maestro e di avere discepoli. Afferma che le definizioni e gli schemi privano della libertà di pensare autonomamente, di essere chi potenzialmente già sei, capace di crescere al di fuori dei limiti e condizionamenti imposti. Del resto, anche il Buddha originario, l'Illuminato, era stato di questo avviso: la verità non va cercata al di fuori di noi ma dentro di noi.

In compenso, Mirna aveva letto Siddharta di Hermann Hesse, un testo profondo ma di lettura più accessibile, regalo di un ingegnere italiano a suo padre. Lo considerava più ispirato di un testo sacro. Il Principe Siddharta rinuncia al potere e

---

1 Ramana Maharshi (30 dicembre 1879 - 14 aprile 1950) fu un mistico indiano e un maestro dell'Advaita Vedanta del XX secolo. È uno dei saggi più celebrati in India.

2 Chiamato anche Tiruvannamalai, è uno dei luoghi più sacri dell'India.

3 Jiddu Krishnamurti nasce in India l'11 maggio 1895 a Madanapalle vicino Madras in India. Si trasferisce in Inghilterra nel 1911 con il fratello. In seguito, nel 1922, in California. "...la rivoluzione deve cominciare non con le teorie e le ideologie, ma con una radicale trasformazione della nostra mente". Muore novantenne, nonostante la sua vita sia segnata da molteplici malattie e sofferenze fisiche.

alla ricchezza per cercare un rimedio al dolore. Alla fine della storia, si convince che Dio è "nell'essenza" di ciascuno di noi, nell'asceta e nel peccatore, che lo si cerchi o no. Egli è.

Questa è la spiegazione che Mirna si era data e cercava di esprimerla a Lakshmin. Si addentrava in discorsi fin troppo impegnativi, per dimostrare all'amica che anche lei aveva avuto buone letture e sapeva riflettere, meditare e pensare autonomamente. La ragazzina indiana ascoltava in silenzio, con rari cenni di approvazione o disapprovazione nello sguardo.

– Sarebbe sbagliato eliminare l'esperienza del dolore, proprio quella che ti fa crescere e avanzare e ti fa anche riconoscere la felicità nell'attimo in cui la incontri. In ogni caso, Dio, o Brahma o l'Assoluto non sono nelle parole che cercano di spiegarli e nemmeno nei pensieri che si arrovellano nella nostra testa nell'intento di identificarli –.

Io però lo riconoscevo nelle tue parole e nei tuoi pensieri, Lakshmin.

Senza carta da parati e con un'imbiancatura a calce, che rifletta la luce che viene dal di fuori, la casa dei nonni assume un altro aspetto. Riprende vita, respira. Mirna ha lavorato per un'intera settimana. Ha imparato, in Inghilterra, a fare tutto da sola, gli inglesi sono abilissimi nel "fai da te". Di certo, con la buona volontà, si arriva a tutto, anche a fare gli imbianchini. Però ha deciso di cercare un aiuto straordinario per la pulizia. C'è sporco vecchio di anni e polvere a strati sui mobili e annidata negli intagli e nelle fessure. Le hanno indicato il nome di una studentessa universitaria che è disponibile per qualche ora occasionale come colf. Una brava ragazza, di quelle che s'ingegnano per avere qualche spicciolo in tasca. E del resto, al tempo del college, a Londra, anche Mirna, aveva fatto la cameriera in un pub.

In India c'è abbondanza di mano d'opera, e quindi di servitù, a bassissimo costo. Si assume e si licenzia per necessità o capriccio, senza una regola precisa, in una specie di tragico usa e getta. Con la paga settimanale di un operaio occidentale, un servo indiano ci campa un anno. E c'è divisione di caste anche fra la servitù. Lakshmin, quando Mirna toccava quel tasto, s'infiammava e si accorava.

– Quanto tempo ci vorrà, quante esistenze per cambiare? In casa tua ci sono dodici servitori, Lakshmin. In casa nostra, tre –.

– I nostri non vengono trattati come schiavi, nemmeno i tuoi, come invece accade in altre famiglie indiane. Vengono nutriti e sfamano anche i loro figli. Con un sasso alla volta si costruisce una casa, se ciascuno di noi portasse un sasso... –.

– Forse quello che per te è motivo di ribellione, per gli altri è normale consuetudine. Un 'paria' sa di essere 'candala', quindi 'intoccabile'. Sa che suo figlio sarà un povero 'candala', un intoccabile anche lui. Sei tu Lakshmin che credi nel karma. Il loro karma è quello di svolgere i lavori più umili. Qualcuno, d'altra parte, deve pur farli. Loro lo accettano, anzi sono quasi grati: altri, quelli che non hanno un lavoro e muoiono di fame, stanno peggio –.

A volte mi piaceva provocarti, tu rispondevi senza risentirti.

– Hai una parte di ragione... Ma considera che la mucca, o il serpente, o la scimmia, o l'elefante sono considerati sacri e il paria, che è un essere umano, è considerato immondo, intoccabile, senza casta, né futuro, né speranza –.

Andavi in giro con Lilith fra le baracche e le cloache a cielo aperto dove vivevano i derelitti, ma potevano bastare una manciata di riso e un sorriso per cambiare il loro destino?

Frequentavano il Liceo dalle suore cattoliche e i loro discorsi erano sommessi durante il tempo della ricreazione in giardino, attente che nessuno ascoltasse o le spiasse. Erano discorsi rivoluzionari e pericolosi, soprattutto per Lakshmin.

Eri sottile e regale, quando indossavi il sari. Nessuna donna occidentale ha il portamento delle donne indiane. Tu mi insegnasti a indossare il sari. Mi facesti esercitare con un libro sulla testa, un po' come fanno le indossatrici per acquisire un portamento elegante. Nonostante l'impegno, non imparai a camminare come te, leggera e nello stesso tempo sicura. In fondo, il sari altro non è che un taglio di stoffa. Cinque metri, sia pure preziosi, vanno disposti intorno al corpo, con una tale arte e maestria che nessuna donna occidentale riuscirà mai ad eguagliare. Tu m'insegnasti a disporlo e indossarlo. Più spesso, perché più pratico, vestivamo il salvar-kamiz, pantaloni larghi che si stringono alla caviglia e sopra una semplice tunica diritta, o più larga in fondo, appena sopra le ginocchia.

La ragazza ha vent'anni, è carina e abbastanza semplice. Si chiama Fiorella. Racconta di avere una sorella gemella che lavora come commessa in un elegante negozio del centro.
– Ha preferito lavorare subito, dopo la maturità. Anche Claudia, che è la maggiore, lavora: è diplomata in ragioneria e lavora in banca –.
Mirna l'ascolta distrattamente. Continua a seguire il corso dei propri pensieri, mentre aiuta Fiorella a "ribaltare" la casa da cima a fondo. Scoprono alcuni tappeti indiani arrotolati sopra un armadio, regali di suo padre ai nonni. Papà era tornato a trovarli da solo, lasciando la famiglia in India. Lui preferiva viaggiare da solo. Forse i tappeti erano stati spediti dentro il container di qualche collega che rientrava definitivamente in Italia. I nonni non dovevano averli mai distesi. Mirna quasi si commuove nel ritrovare quel particolare d'India... All'in-

terno di un tappeto arrotolato ci sono dei pannelli ricamanti con scene mitologiche, Kali con le sue tante braccia e Ganesh con la testa di elefante. Figùrati i nonni, cattolici osservanti com'erano, dovevano averle scambiate per rappresentazioni demoniache... India... Un'ondata violenta di nostalgia. Avrà mai il coraggio di tornarci? La commozione è intensa, ha voglia di piangere. Ricordi. Colori e mantra, brividi caldi sulla pelle, regalità nel passo delle donne. Le viene l'idea di liberare una stanza da tutti i mobili, coprire il pavimento di tappeti e metterci sopra dei cuscini, le pareti completamente nude, fare "la stanza della meditazione" come quella di Lakshmin. L'amica indiana sapeva restare immobile per ore, estraniandosi dalla realtà quotidiana. Nella meditazione la sua anima viaggiava oltre i limiti del tempo.

– Anche mia sorella Claudia ha una stanza per la meditazione –.

– Come hai detto? –.

Improvvisamente è molto attenta e sveglia. La ragazza spiega che Claudia, sua sorella, ha "la sua stanza della meditazione".

– Sa, è fissata con l'Oriente. Ha seguito per tre anni un corso di hata yoga, poi in seguito raja yoga e ora ne fa uno di meditazione, non so bene.

– Esattamente dove? –.

– Ci sono alcuni Centri Yoga in città, ma quelli che lo frequentano mi sembrano tutti "fusi". Secondo me, sono persone con problemi psicologici. Del resto... Chi non ha problemi psicologici. Noi siamo cinque fratelli. Claudia ha ventidue anni e i gemelli più piccoli ne hanno dodici... Abbiamo tutti problemi psicologici. I miei genitori sono morti quattro anni fa e ancora non abbiamo dimenticato quella tragedia –.

Ha un sospiro, deglutisce e riprende: – Sono morti... in un incidente d'auto. Ecco perché abbiamo dei problemi esistenziali. Ma Claudia ha accusato molto di più, ancora ne subisce le conseguenze. Mi dispiace dirlo perché è mia sorella ma la trovo abbastanza disadattata –.

Ha parlato tutto d'un fiato ed è evidente che è pentita. Teme adesso che Mirna s'incuriosisca e faccia domande, ma Mirna capisce quando è il caso di tacere.

Come si può, Lakshmin, predisporre una stanza per la meditazione, senza aver vissuto l'India, senza avere conosciuto te?

Claudia

Claudia arriva in anticipo davanti all'ingresso del Centro Yoga, ma forse non è un caso, la ragazza non crede nel caso. Ha bisogno di parlare con qualcuno in sintonia con i suoi principi, di confidarsi e forse spera che questo qualcuno sia Leonardo, il "maestro". È arrivato in anticipo anche lui. Si può supporre dalla luce che filtra dalla finestra della saletta della meditazione. Là si riuniscono gli allievi del corso superiore che anche Claudia frequenta. Dalla porta a vetri, si può vedere che l'ingresso è buio. Forse l'uomo è arrivato e poi è uscito di nuovo, lasciando la luce accesa per la lezione che ci sarà da lì a poco. O forse Leonardo, nell'attesa, si è appartato in meditazione e quindi non è il caso di disturbarlo. Dal momento che comincia a piovigginare, Claudia si addossa alla grata della finestra. Sopra c'è una piccola tettoia spiovente sotto la quale ci si può riparare. Accanto, poggiata al muro, c'è una bicicletta, Leonardo deve essere venuto in bicicletta.
Le arrivano suoni dall'interno: Leonardo non è solo. Sono voci imprecise, inframezzate da suoni, non è un mantra... Sono gemiti. Claudia ne ricorda altri di simili legati alla sua infanzia. Si stacca come se la grata le avesse dato la scossa elettrica.
Lei sa che "il maestro" è separato dalla prima moglie, dalla quale ha avuto due figli. Sa che convive da alcuni anni con un'altra donna che poi è l'insegnante di hata yoga. Può darsi che i due, trovandosi soli, si siano lasciati andare alle effusioni... Il fastidio di Claudia è violento, una specie di nausea...
"Dovrei curarmi" pensa "proprio dovrei curarmi". Una reazione simile è spropositata".
C'è un bar all'angolo vicino. Vi si rifugia, dopotutto le conviene perché piove. Ordina un tè, ma di certo sarebbe meglio una camomilla. Dalla vetrata del bar, può osservare l'ingresso del 'Centro'. Ne vede uscire Loretta, una giovanissima recente recluta del corso di hata yoga. Loretta sale sulla bici-

cletta che sta fuori, poggiata vicino all'ingresso. Quindi la bici è sua, non di Leonardo. Si allontana, ma soltanto per fare un giro intorno all'isolato. Infatti ritorna e si attarda a mettere la catena con lucchetto alla ruota. Claudia si affretta a raggiungerla.

Un cenno di saluto e: – Come va? –. L'altra le chiede. – Hai visto se è già arrivata Francesca? –. Ha il viso arrossato e gli occhi lucidi. Nel frattempo, Leonardo apre la porta d'ingresso. – Entrate pure, altrimenti vi bagnate. Francesca stasera verrà con qualche minuto di ritardo, doveva passare a ritirare un vestito alla lavanderia e fare altre commissioni –.

Anche lui è stranamente colorito. Di solito il suo pallore è quasi malato e contribuisce a dargli un'aria ascetica.

La delusione è forte e genera sarcasmo. Dopotutto, lui mette in pratica la teoria che corpo e mente siano indivisibili e la salute dell'uno sia complementare a quella dell'altra. È questo che spesso predica, o no? A quanto pare, Leonardo nutre il corpo prima dello spirito, magari concedendosi delle partner alternative. Adatta la filosofia yoga alle proprie esigenze, senza troppe regole morali.

Più tardi, dieci allievi, uomini e donne, sono disposti in semicerchio davanti al maestro. Volto scarno, sguardo introspettivo e raccolto come quello di un autentico guru. Gli allievi stanno con gli occhi semichiusi seguendo le suggestioni che la voce suadente suggerisce. Per la prima volta, Claudia finge una partecipazione che non c'è, attraverso le ciglia socchiuse osserva i compagni. Hanno un'espressione distesa, estatica e, dopotutto, se quella pratica può servire a renderli sereni...

Anche lei, fino a pochi attimi prima, ha creduto di trovare là, in quel luogo, la possibilità di abbandono e di sollievo, di sicuro meno costoso delle sedute di uno psicanalista... Leonardo ha gli occhi socchiusi, ma la ragazza può notare come il suo sguardo filtri compiaciuto, più sornione che contemplativo, sul viso dei presenti.

"Questa è l'ultima lezione che seguo" decide Claudia.

La sua cena è stata frugale, uno yogurt e una mela. Di più non sarebbe riuscita a ingerire. Accende la televisione, fa *zapping* col telecomando, niente che catturi il suo interesse e la distragga. L'episodio di Leonardo e Loretta è stato banale, probabilmente anche abbastanza squallido, ma non così eclatante da giustificare tanto sconvolgimento in lei. Però capace di risvegliare sensazioni e ricordi. Credeva di aver rimosso. Ma la sofferenza, anche se sepolta, riesce a farsi strada quando meno te lo aspetti, basta un episodio da niente. Spegne il televisore. Va a cercare un libro, magari di quelli già letti, quelli che insegnano il distacco, ne ha comprati a decine, negli ultimi quattro anni.

Vorrei evitare di pensare a te, Giulia... Eri la mia migliore amica. L'unica. Ti confidavo tutto ed ero sincera. Tu non fosti sincera. Del resto come avresti potuto?

Dalla prima media, sempre insieme, fino all'ultimo anno di scuola superiore. Stesso banco. Si alternavano fra la casa dell'una e dell'altra per studiare nel pomeriggio, fino alla sera dopo cena. Ma, negli ultimi tempi, Giulia preferiva studiare a casa di Claudia, diceva che, da loro, c'era più vita, più allegria...

Non potrò mai giustificare il male che mi hai fatto, Giulia.

Non riesce a concentrarsi nella lettura. Del resto, Krishnamurti insegna che è sbagliato controllare o allontanare i pensieri, viceversa bisogna lasciarli scorrere, fluire liberamente, abbandonarsi e limitarsi a osservarli. Se li combatti, rischi di soccombere.

Avevano quattordici anni quella volta che Giulia le raccontò di aver sfogliato una di "quelle" riviste. Rideva nel descriverle. Non sembrava turbata, soltanto divertita. O forse si compiaceva di scandalizzare l'amica con discorsi spregiudicati. Alla fine, Claudia si abituò a quella ostentazione di disinvoltura disinibita, alle domande imbarazzanti e incalzanti. Alle curiosità.

A quindici anni, circolante fra i banchi dell'ITC, arrivò sul banco di Claudia proprio una rivista di quel genere. Era stata preceduta da risatine varie e gomitate, soprattutto dei maschi, forse rossore di qualche compagna. Imbarazzo... Forse. Per la ragazzina fu un insulto, una sorta di violenza. Fu anche ritrovarsi davanti alla porta socchiusa della camera dei suoi genitori, a cinque anni. Uno scorpione fra le mani, una medusa... Scaraventò "il giornalaccio" in mezzo all'aula, poi le dispiacque il casino che seguì. La professoressa Manoli sembrava impazzita. Proprio con l'insegnante di matematica doveva capitare, la materia nella quale andava meglio. Il colpevole non venne fuori e la classe fu punita tutta, non soltanto nel voto in condotta. Fu anche abbassato il voto del profitto.

– Avresti potuto controllarti, lo sai che i ragazzi hanno certe smanie. Basta vedere i disegni sulla lavagna la mattina, sai quante volte, arrivando per prima, li ho cancellati! Si divertono a provocarci... Dal momento che li consideriamo così poco. Forse è stato il Gorrieri, a portare la rivista, forse voleva proprio che arrivasse fra le tue mani. Che è cotto di te lo sanno tutti, tu lo snobbi e lui ti provoca –.

Claudia chiude il libro appena sfogliato, del resto lo conosce quasi a memoria. Meglio andarsene a letto, è possibile che, lasciando scorrere i pensieri, sopravvenga il sonno. Ma, nel letto, più tardi, si rigira come un serpente in un terrario, sintomo che prelude una notte insonne. C'era stata una notte simile quattro anni prima. Diciotto anni e vigilia di esami di maturità.

Giulia riuscirò mai a dimenticare?

Verso la mezzanotte, mentre lei se ne stava ancora a rivedere appunti di fisica, aveva telefonato la madre di Giulia.

– Giulia è ancora lì da te? –.

Claudia sapeva che Giulia aveva una storia con un ragazzo di Firenze, conosciuto in discoteca in Versilia. Alcune volte si era servita di lei per incontrarlo dopo cena. Un alibi plausibile. In quell'ultimo mese, era rimasta spesso a cena da loro e si era trattenuta a studiare fino a tardi, dirlo una volta di più, mentendo, risultava del tutto innocente. Che cosa rispondere adesso alla madre di Giulia?

– È uscita in questo momento, sarà lì per arrivare –.

Ma, un'ora dopo, la donna aveva richiamato e Claudia era saltata giù dal letto in fretta per evitare che si alzasse qualcuno dei suoi. Una fortuna che suo padre non avesse voluto il telefono in camera. Disturba, aveva detto, basta uno nell'ingresso e avanza. Il babbo proprio non sopportava di essere svegliato di notte e, negli ultimi tempi, era diventato fin troppo irascibile, forse aveva problemi di lavoro, ma non era il tipo da parlarne in casa.

– Non è ancora tornata, sto in pensiero. C'è qualcosa che io non so, Claudia, forse doveva incontrarsi con qualcuno? –.

– Non me lo ha detto, non credo. Potrebbe aver avuto un guasto alla macchina... –.

– Hai ragione, adesso esco e faccio la strada in senso inverso verso casa tua –.

– Se vuole... sveglio i miei genitori –.

– No, non importa. Se non la trovo... chiamo il 113 –.

Il tono della voce avrebbe voluto sembrare controllato, ma tradiva la tensione e la minaccia.

Claudia, per il momento, si preoccupò solo del fatto che la storia segreta di Giulia sarebbe venuta fuori. Di sicuro, i due si erano addormentati nella camera del motel fra Pisa e Firenze dove Giulia le aveva confidato che, alcune volte, si erano fermati. Esperienza "molto eccitante", l'aveva classificata, anzi, "una ganzata".

Claudia non sentiva di aver tradito la fiducia della madre di Giulia. Nessun senso di colpa. Semmai era un problema fra madre e figlia. Le dispiaceva che Giulia stesse rischiando di essere scoperta. Lei, in fondo, conosceva i particolari di quegli incontri segreti, ma del ragazzo di Giulia ignorava chi fosse, se studiava o già lavorava. Non avrebbe potuto, in alcun caso, dare indicazioni. Aveva capito che aveva più anni di loro, quindi più esperienza. Giulia le aveva raccontato i particolari più intimi dei loro incontri, senza alcun pudore o timore di scandalizzarla. Della "prima volta", quanto era stato delicato e dolce e tenero lui. E come era stato bello... La sua amica parlava di sesso con la stessa semplicità con la quale si può parlare di alimentazione, o di sport. Tanta dovizia di particolari per convincerla che stava vivendo un'esperienza giusta.

Io invece... Mai avuto un buon rapporto con il sesso, nel senso che ancora oggi lo ignoro. Nessuna storia sentimentale, nemmeno un contatto fisico, l'idea di una semplice carezza mi fa irrigidire. Peggio, non ho alcuna confidenza con il mio corpo, anzi, ne ho quasi repulsione.

Giulia scherzava: – Se ti confido tutto, è per aiutarti con una sorta di terapia anti frigidità –.
Ma per la verità, intendeva coinvolgerla, renderla sempre più complice. O era un modo come un altro di sdrammatizzare una vicenda che, senza ammetterlo, le procurava malessere.

Per essere sincera, Giulia, io proprio ancora non capisco quella tua morbosa ostentazione. Forse esaltava in te il senso del proibito. Forse contribuiva a rendere i tuoi incontri segreti più eccitanti.

Giulia diceva, invece, con tono disapprovante: – Claudia, mi dispiace dirtelo, ma non sei normale. Alla nostra età, queste cose si sanno, se ne parla fin dalla scuola media –.

A diciotto anni, quella diagnosi di anormalità suonava come una provocazione o un'esagerazione, a ventidue anni, è probabilmente un dato di fatto.

Anche la sua reazione all'episodio di Leonardo e Loretta lo dimostra. Claudia li immagina stesi sulla stuoia rotonda al centro della stanza. E le sembra quasi blasfemo che accada proprio là, all'interno del cerchio che allievi e insegnante poco dopo formeranno. E forse l'uomo, il maestro, proprio questo ha considerato, come fosse un particolare eroticamente stimolante. Forse, di proposito, ha ritenuto di aver creato un campo di energia nel centro della stanza a beneficio degli allievi che si sarebbero raccolti da lì a poco.

Non è questo l'amore di cui Claudia avrebbe voluto fantasticare da bambina, adolescente e donna.

Giulia riuscì con quelle sue domande incalzanti a farle raccontare dei suoi genitori.

– È vero che si sono sposati a diciassette anni, in seconda Liceo, perché tua madre era incinta di te? –.

– Mio padre era in terza, aveva diciotto anni, un anno più della mamma –.

Giulia sorrideva: – Un anno meno di me adesso –.

Claudia si domandava chi le avesse dato quelle informazioni, ma, si sa, uno strascico di pettegolezzi può durare anni, specie in una cittadina di provincia come quella. Non c'era da meravigliarsi che ancora ne parlassero in giro.

Sua madre l'aveva partorita a diciotto anni. Suo padre, alla sua nascita, ne aveva diciannove. Non avevano avuto inibizioni, loro, né regole. Si erano amati senza porsi limitazioni di alcun tipo. E di anticoncezionali non se ne parlava così apertamente come oggi.

Nemmeno tu, Giulia, hai avuto limiti o remore.

La ragazza, Maria Nori, madre di Claudia, figlia di siciliani saliti in Toscana da alcuni anni, agricoltori, "s'era fatta mettere incinta", definizione tipica dell'epoca, dal compagno di scuola. Giocatore di calcio, conteso da tutte le ragazzine del Liceo e prediletto dalle professoresse. E forse era stata anche invidiata e detestata. Il ragazzo, invece, veniva da una famiglia borghese, intellettuale di sinistra. Non si oppose al matrimonio del figlio con la figlia dei contadini. Anche perché i due giovani non cedettero. Nessuno riuscì a convincerli che, alla loro età, si sarebbero rovinati la vita, che un aborto avrebbe risolto...

Erano giovanissimi, belli e si amavano.

Dopo diciotto anni di matrimonio e cinque figli, la moglie non sembrava essere stata così bella. Teneva i capelli lunghi legati a crocchia come una vecchia, ma diceva che, al marito, i capelli piacevano così. Non usciva quasi mai di casa, perfino per fare la spesa mandava Claudia, nel pomeriggio, con la nota scritta. O "le gemelle", più piccole di due anni, Sandra e Fiorella. Qualche volta, se proprio non poteva farne a meno, anche Francesco e Maurizio, i gemelli, cinque anni più piccoli delle gemelle.

Sai, Giulia, c'è stato un momento che, per quei parti gemellari, io mi sono sentita defraudata della mia gemella morta appena nata. Poi ho creduto di sostituirla con te. Di te mi fidavo, Giulia, come fossi stata una mia sorella gemella.

Giulia era nata soltanto un mese prima di Claudia. Una in dicembre e l'altra in gennaio: 1967 e 1968.
Giulia s'inviperiva quando insegnanti e compagni la consideravano più grande di un anno per quella data a cavallo dei due anni.

Se a trentasei anni, Maria Nori dimostrava dieci anni di più, Laura Costanti, quarantenne, madre di Giulia, sembrava una ragazzina. La prendevano per la sorella di sua figlia. Claudia provava quasi risentimento, oltre che disapprovazione, verso sua madre che s'era lasciata andare senza un minimo di rispetto per se stessa. La sua unica aspirazione era sfaccendare per casa e riempire il tempo che la divideva dal rientro del marito. Adorava ancora quello che era stato il suo primo e unico uomo, il suo unico grande amore. Viveva nella sua ombra. E Claudia non riusciva a concepire quella totale dipendenza... Perfino i figli passavano in secondo piano. La mamma, avesse dovuto scegliere se privarsi dei figli o del marito, avrebbe optato per i primi. C'erano stati momenti in cui l'aveva quasi disprezzata per quell'annientarsi, senza una qualsiasi aspirazione diversa, o dignità.

Dicevi di non capire, Giulia, perché me la prendessi tanto e giudicassi così severamente mia madre... Tu la giustificavi, invece...

Claudia avrebbe dovuto, piuttosto che criticare la madre, commentava Giulia, considerare responsabile il padre della condizione sottomessa della moglie. Quell'uomo, in quella condizione di dedizione assoluta, si era adagiato, come se gli fosse dovuta, una sorta di sindrome del pascià.
– Forse, Claudia, hai paura di riconoscerti in tua madre. Ti è venuta la paura che, se ti innamorassi, finiresti come lei, totalmente succube, almeno per come la vedi tu –.
In realtà, Claudia niente conosceva dei pensieri di sua madre e dei suoi sentimenti. Nessuna confidenza fra loro. Forse anche fastidio e gelosia insieme, la solita vecchia storia del complesso di Edipo. Ammirava suo padre, una sorta di innamoramento e quindi, nonostante tutto, non riusciva, allora, ad attribuirgli una qualche responsabilità. Un uomo giovane e molto attraente. Dicevano che fisicamente la figlia gli somigliasse, soltanto perché era alta, snella, con gli occhi chiari e i capelli scuri. Ma gli uomini non si giravano a guardarla quando passava per strada, non la desideravano. Invece,

negli occhi delle donne che guardavano suo padre, c'era il desiderio. La prima volta che lui era andato a parlare con i professori alle superiori, le compagne di Claudia erano uscite nel corridoio, passandosi parola. Pensavano che fosse un fratello maggiore, non dimostrava più di venticinque anni. Quando uscivano insieme, la gente li prendeva per fidanzati. E lei s'inorgogliva nel camminargli a fianco. Inutile ripetere che Claudia per suo padre stravedeva. Ne minimizzava i difetti e quindi lo scagionava. Preferiva accusare la madre di inerzia e mancanza di carattere, piuttosto che lui di egoismo e disattenzione.

Feci male, Giulia, a confidarmi con te, a parlarti delle mie notti insonni nell'infanzia? Tu mi dicevi che avevo subito un trauma e per guarire dovevo tirare tutto fuori. E mi incalzavi di domande.

Nella stanza da letto accanto a quella delle bambine, qualcuno si lamentava, forse piangeva. Non era la prima volta che, di notte e anche in qualche pomeriggio di domenica, aveva ascoltato quei lamenti, senza riuscire a classificarli. Si svegliarono anche le gemelle, avevano tre anni e Claudia cinque.
– Claudia, la mamma sta male – dissero, molto spaventate.
– Non è niente, sogna. Tornate a letto, vado a vedere io –.
Si sentiva protettiva e adulta nei loro confronti. E infatti le tranquillizzò con la sua voce determinata. Si proponeva di fare "le finte", fermandosi appena davanti alla porta della stanza accanto. Ma era semiaperta e lo sguardo andò dentro. Il babbo stava sopra la mamma, erano nudi. Pensò che lui stesse picchiandola, ecco perché la mamma si lamentava... Però la mamma esalò un altro lamento gorgogliante e poi si rigirarono e fu lei sopra il babbo e lo baciava, lo baciava dappertutto... E anche il babbo si lamentava e mugolava. Per fortuna, avevano gli occhi chiusi e non la videro... Di certo non si facevano del male, forse facevano una specie di gioco tutte le notti...

– Quando i babbi stanno sopra le mamme e le mamme si lamentano che cosa vuol dire? –.
Fu logico fare quella domanda alla mamma, senza malizia.
– Vuol dire che sei una bambina cattiva che, invece di dormire, spia i suoi genitori e vede cose che non deve vedere. Non fare questa domanda al babbo, se non vuoi farlo arrabbiare. E non alzarti di notte: potresti incontrare un fantasma –.
Aveva una voce colpevole e allarmata.

Forse, Giulia, la mia fobia del sesso nacque da quella risposta. Credetti di capire che quello che la mamma faceva col babbo fosse un'azione vergognosa che bisognava nascondere. Ogni notte, seguitai a sentire 'lamenti e gemiti'. Io cercavo di non ascoltare, mettendo la testa sotto il cuscino.

Quante volte Giulia le chiese di raccontarle quell'episodio? Claudia non saprebbe contarle. L'amica pretendeva ancora una conferma.
– Ma davvero tutte le notti? È proprio fortunata tua madre! –.
E giù, a spiegarle di certe sue letture, sui rotocalchi o alcuni testi di psicologia e sessuologia della biblioteca di sua madre psicologa, di quanti uomini abbiano problemi e quante donne si lagnino dei loro compagni. Per ragioni analoghe, i genitori di Giulia s'erano separati appena pochi anni dopo la nascita della loro bambina. Si potrebbe quasi dire che Giulia fosse diventata adulta insieme alla madre, ancora studentessa universitaria alla sua nascita. Fra loro due, madre e figlia, amicizia e confidenza assoluta, ma allora perché Giulia nascondeva alla madre la sua storia d'amore? Glielo aveva chiesto esplicitamente, talmente le sembrava incomprensibile.
– Perché mi mette in imbarazzo l'eventualità che mi chieda di conoscerlo. Ho un po' paura della bellezza della mamma e del suo aspetto giovane. Poi, fisicamente, ci somigliamo troppo, io e la mamma. E lei, con l'esperienza, ha più fascino di me... –.

– Sei gelosa di tua madre? Ma scherzi? –.

– Le figlie sono spesso antagoniste delle madri. Anche tu, del resto, con tua madre per motivi diversi... Io preferirei una madre come la tua, che si occupa solo del marito e dei figli. La mia è troppo... dinamica, troppo moderna, troppo giovane per fare la madre. Posso ascoltare le sue confidenze, ma non so farle le mie. Non posso mica dirle "mamma mi incontro in un motel con il mio amante"! –.

– In questi termini... –.

Chissà perché a Claudia venne da raccontarle di quel sabato abbastanza recente. Rientrando a casa in anticipo, li aveva "sentiti" in cucina, i suoi genitori. Erano talmente presi che non s'erano accorti di lei che se n'era tornata fuori, cercando di non fare rumore. Abbastanza sconvolta. La frequenza di quei rapporti le sembrava maniacale, come se fra i suoi genitori predominasse il sesso, fino alla morbosità.

Giulia si mise a ridere: – Speriamo di trovare anche noi due un uomo vero come tuo padre, di quelli che ne hanno sempre voglia –.

Al rientro dalla sue uscite segrete, Giulia le faceva uno squillo di telefono, subito interrotto, per avvertirla che era rincasata. Era un segnale convenuto. Nessuno squillo ancora ed era l'una di notte. Nemmeno la madre di Giulia aveva più chiamato, aveva capito che sarebbe stato inutile parlare con la compagna della figlia. Più probabilmente, Giulia, nel frattempo, era tornata e chissà la discussione che doveva essere seguita con la madre... Per Claudia, colta dalla stanchezza, arrivò il sonno, a diciotto anni si dorme anche quando si è preoccupati.

Invece, adesso, ha il cervello in fiamme e la testa sul punto di esplodere, il sonno non verrà. L'episodio forse squallido, forse banale, del maestro di Yoga con l'allieva, è riuscito a innescare la miccia dei ricordi. L'esplosione c'è stata, non può più tornare indietro, liberarsi dai pensieri che riaffiorano e fanno male quanto allora. Forse è meglio darsi malata e non andare domattina, anzi stamattina, in banca. Non si sente in condizione di stare allo sportello e maneggiare soldi e nemmeno di vedere gente. Si alza e decide di fare una doccia, forse può servire a calmarla.

Sotto l'acqua, ha la percezione del proprio corpo nudo, per lavarsi usa una spugna piuttosto che toccarsi con le mani. Ancora una volta deve constatare che l'idea della propria nudità le dà un senso di ribrezzo, o qualcosa di simile, una sensazione che non saprebbe definire.

Mirna

Ha indossato il sari regalatole da Lakshmin e si osserva nello specchio. Con i capelli tirati sulla testa e legati dietro, il trucco giusto, può ancora sembrare un'indiana. Ma le donne della sua età, in India, sono tutte, o quasi, pingui e sformate, hanno rotoli di grasso come ciambelle sopra la vita, indice di benessere e di casta elevata. Le donne delle classi inferiori, soprattutto le intoccabili, invecchiano molto più precocemente. Anche se restano magre, rinsecchiscono, hanno la pelle che sembra cuoio e bocche sdentate a trent'anni.

Mirna, invece, a quarant'anni, ha una figura armoniosa, quasi adolescenziale. È snella come al tempo del Liceo, quando, all'insaputa dei rispettivi genitori e con la complicità dell'autista, si "travestiva" da indiana e usciva con Lakshmin per le strade di Delhi. L'auto era un'Ambassador bianca e lucida di vernice nuova.

A volte, per sicurezza, la governante di Lakshmin, o si dovrebbe dire balia, quella che aveva allattato la neonata perché la madre era morta di parto, andava fuori con le ragazze. Chissà dove era finito il figlio naturale di Lilith, pensava Mirna, ma non faceva domande. Lakshmin preferiva non toccare l'argomento, evitava la curiosità dell'amica. Lei stessa non sapeva o non voleva indagare. Lilith era rimasta in casa loro per seguitare ad accudire Lakshmin bambina ma, di suo figlio, mai alcun cenno o notizia. La domanda delle ragazze restava soltanto un pensiero mai tradotto in parole. Con la donna, la ragazzina indiana, ormai cresciuta, aveva parecchia confidenza. Fra loro parlavano l'indi. A volte Lakshmin traduceva per l'amica italiana, altre si scusava, più tardi, per non aver tradotto. Di sicuro era stata molto importante l'influenza di quella donna analfabeta su di lei. Il padre non si era risposato e aveva permesso alla figlia quella presenza femminile accanto, umile e devota. Nonostante fosse d'obbligo, avevano evitato l'allontanamento di Lilith a causa delle sue origini. Di certo, quella concessione di restare nella loro casa, fatto eccezionale, aveva influenzato Lakshmin. Le aveva insinuato l'illusione di poter attuare impossibili progetti rivoluzionari. L'autista al volante dell'Ambassador masticava di continuo quello che poteva sembrare un chewing gum. Durante il viaggio rallentava la già lenta corsa, apriva lo sportello e sputava fiotti di saliva rossa. Dentro la foglia rossa di betel, gli indiani mettono un impasto a base di noce d'areca e altre droghe. Dicono che masticare quella mistura aiuti la digestione, ma c'è chi ne fa uso a stomaco vuoto perché toglie la fame e il senso di stanchezza, dura più a lungo di una manciata di riso e dà maggior sazietà. Lakshmin spiegò a Mirna che quel miscuglio dà anche dipendenza. Altrimenti non ci sarebbe stata ragione di quell'accanimento dell'autista. La loro servitù era nutrita e aveva tutta una notte di riposo. Una volta Lakshmin mostrò dove la "droga" viene venduta; è una specie di cabina, o chiosco, sollevata da terra, una sorta di palafitta. All'interno entra a malapena un uomo accovacciato, il venditore di betel. Però, se la vendita è permessa, significa che non si tratta di "vera" droga, le autorità sono molto severe al riguardo. Raggiungevano in auto la periferia della città. Scendevano dall'auto e Lakshmin pretendeva di girare fra i vicoli maleodoranti. Lilith seguitava a parlare nella lingua indi, incomprensibile per Mirna. Aveva imparato soltanto qualche vocabolo sporadico però sapeva riconoscere il tono di apprensione e di rimprovero. Entravano in alcune baracche, l'odore era nauseabondo. Lakshmin offriva riso da cuocere e sorrisi, quaderni e penne biro, i bambini facevano codazzo dietro per averne. A volte, la ragazza insegnava loro a scrivere il proprio nome e qualche parola in inglese. Mirna era sicura che penne e quaderni sarebbero stati rivenduti per qualche misera rupia. Forse questo esprimeva Lilith nei suoi rimproveri mai tradotti.

Per strada, altri bambini le inseguivano perché si era sparsa la voce della loro presenza, chiedevano: – Una rupia... una rupia... –.

– Non fate elemosine – rimproverava Lilith – o si moltiplicheranno intorno a noi –.

Lakshmin traduceva e spiegava che per lei era impossibile ascoltare quel consiglio. Mirna la capiva. Forse quei bambini erano più smaliziati di altri perché sapevano rincorrere i turisti. Sapevano che, per semplice curiosità, quelli s'avventuravano nel misero quartiere, giustificandosi che era "per vedere la vera India". I piccoli porgevano la mano, addestrati dai grandi, racimolavano di che far vivere la famiglia. Ma Lakshmin non era una turista. Personificava l'altra India spudoratamente ricca e questo rendeva estremamente pericolosa la sua generosità.

C'erano altri bambini, nei vicoli sporchi e puzzolenti alla periferia di Delhi. Se facevi l'atto di avvicinarli, si ritraevano. Nei loro sguardi era terribile l'assuefazione alla miseria. Se, spontaneamente, porgevi loro un paio di rupie, cercavano un adulto per chiedere un cenno di consenso. Quelli, secondo Lilith erano i veri poveri perché vivevano la loro miseria con dignità. Avevano occhi grandi e senza aspettative. In essi c'era "l'accettazione" insegnata dai padri, nel loro sguardo era possibile riconoscere lo spirito mistico dell'India.

Non avevo il coraggio di esprimerti, Lakshmin, certi miei pazzi pensieri. Anche la generosità del ricco è un privilegio, la sua elemosina un ulteriore insulto agli occhi del povero che ringrazia e s'inchina, ma l'umiliazione non semina gratitudine nel suo cuore...

Lilith, apertamente, rimproverava Lakshmin per quella che riteneva essere un'imprudenza. Mirna rifletteva che, per quella donna, nata fra i paria, era facile elargire briciole di saggezza, lei che aveva avuto la fortuna di uscire dalla miseria e dall'emarginazione cui era stata destinata.

A volte, fra le due ragazze nascevano discussioni. Lakshmin difendeva Lilith. Spiegava che destinava alla sua famiglia di origine quasi tutta la paga e, con la complicità della "padroncina", anche viveri e indumenti.

Nella stanza della meditazione, Mirna seduta nella posizione del loto, ha rivissuto quei momenti dell'adolescenza. La commozione è intensa, il rimpianto dell'India è addirittura insopportabile. La presenza della sua amica indiana è quasi tangibile. Lakshmin rimane per lei una principessa delle mille e una notte, il suo passo è come una danza, la sua figura esile e leggiadra, la sua volontà fortissima, d'acciaio.

Che cosa pensavi di poter cambiare, Lakshmin, tu sola, fragile ragazzina indiana?

Meglio indossare abiti "normali" e uscire. Da quando è arrivata in Italia, non si è quasi mai mossa di casa. Invece, è necessario spargere in giro qualche voce per trovare un'occupazione, non può far conto soltanto sull'assegno di mantenimento di George. C'è in città un Liceo privato linguistico. Potrebbe, per cominciare, offrire la sua disponibilità per qualche ora, poi si vedrà. Mirna si cambia ed esce. Si sente osservata, la città è piccola, tutti più o meno si conoscono. Chissà quanti commenti e supposizioni su di lei. La nonna avrà di certo raccontato che la nipote era sposata con un professore inglese e che viveva a Londra. Se lei adesso si è trasferita in Italia ed è sola, è evidente che fra i due c'è stata una separazione momentanea o una rottura definitiva.

Incrocia anche sguardi maschili. Curiosità e ammirazione. Alcuni forse si domandano quanto sia disponibile a una storia nuova.

"Sono ancora abbastanza giovane, pensa, sarei perfino in tempo per un figlio. Non è più così rischiosa come una volta, la maternità tardiva..."
È un pensiero molesto, atrocemente molesto. Le richiama il ricordo della sessualità frustrata col suo ex marito, il suo matrimonio sterile.
Lo aveva sposato, senza alcuna esperienza. Del resto lui non aveva tentato approcci prematrimoniali. Le aveva solo chiesto, in una circostanza banale, con lo stesso tono che si userebbe per chiedere l'età o quali studi hai fatto: – Sei vergine? –.
Si era sentita imbarazzata. Poi s'era detta che forse è una prassi normale fra un uomo e una donna. Lei un po' si vergognava di non avere mai avuta una storia sentimentale, a ventidue anni era quasi un'eccezione, se si considerano le contestazioni femminili degli anni sessanta. A guardarsi indietro, le sembrava che, più che le occasioni, le fossero mancati tempo e interesse. Nel suo passato vedeva solo Lakshmin che era tutta spirito e poesia. Stranamente George le era sembrato contrariato, poi, dopo averla baciata: – Sono un pessimo insegnante, dovresti saperlo, avrei preferito che tu avessi più esperienza –.

Anche quell'episodio avrebbe dovuto mettermi in guardia, Lakshmin, farmi capire quanto fosse arido quell'uomo e privo di tatto e, forse, anche quanto poco mi amasse...

Una volta Mirna informò l'amica: – Credo che mio fratello sia innamorato di te, Lakshmin, non fa che chiedermi e rammentarti... –.
– Tuo fratello è come fosse mio fratello. E, comunque, io sono promessa al mio probabile sposo fin da piccola –.
– Come si può accettare un'imposizione simile?–.
– Per una ragazza indiana è perfettamente normale, nelle classi più elevate, come in quelle più povere. Perché ribellarsi, è il karma. Io poi sono stata fortunata poiché le nostre

rispettive famiglie si sono impegnate a dare un'istruzione superiore ai figli prima di definire la data delle nozze –.

– Con l'attenuante del karma, subisci tutte le ingiustizie –.

– Spero che il mio promesso sposo, quando sarà il suo momento di decidere, mi rifiuti. Lui può farlo. Per consuetudine gli sono permessi due rifiuti. Alla terza proposta, non potrà più tirarsi indietro. Io, per sua e per mia fortuna, sarei il suo primo rifiuto, quindi non è obbligato ad accettarmi.

– Magari, dopo averne scartate due, sarà obbligato a sposare la peggiore delle tre – commentava Mirna. Pensava fra sé che nessuna mai, sarebbe potuta essere all'altezza dell'amica, quindi, un rifiuto del promesso sposo sarebbe stato piuttosto improbabile.

Tu ci ridevi Lakshmin...

Le aveva raccontato di sua madre... Morta per aver partorito due volte in meno di un anno. Esperienza micidiale per il fisico di una ragazzina di dodici anni.

– ...quindi le ragazze indiane si sposano senza essere innamorate... Che cosa succede se ti innamori di qualcuno che non è il tuo promesso sposo? – Mirna aveva chiesto.

– Se lo dico o soltanto lo dimostro, rischio la vita, Mirna. Solo se vengo rifiutata ho qualche speranza... Per il momento non mi sono innamorata, non è così facile come in occidente, non c'è occasione d'incontro. Potrebbe accadermi di riconoscere qualcuno che ho già amato intensamente in un'esistenza precedente... Un sentimento così forte da rimanere nella memoria anche nella vita attuale e il ricordo manifestarsi all'improvviso. Magari per il semplice incrociarsi di uno sguardo, camminando per strada fra la folla –.

– Noi lo chiamiamo colpo di fulmine, Lakshmin –.

– So che cosa intendi, forse la definizione del "colpo di fulmine" corrisponde. Ma considera che, a volte, la percezione avviene prima ancora dell'incontro fisico, prima dell'impatto visivo... Provi un'emozione intensa che non sai spiegare, ti senti sul punto di svenire... Poi scopri, un attimo dopo, qual è stata la causa. Questo descrive ciò che io definisco, in maniera imprecisa, "incontro luminoso per non dire illuminato", un evento che non so ben spiegare.

– Che bello Lakshmin, sembra una favola... Mi piacerebbe un incontro del genere. Però, con la tua teoria, si presuppone che in ogni vita si ritrovino più o meno gli stessi protagonisti della vita precedente... Mi sembra un po' inverosimile... –.

– Non so se "tutti", forse i fondamentali, o coloro con i quali il fine prefisso non è stato raggiunto, o è stato alterato e gli errori tali... –.

– Pensi che tu ed io ci siamo già incontrate? –.

– È possibile. La prima volta che mi hai vista, hai provato emozione? –. La ragazzina indiana osservava l'amica con curiosità e attenzione.

Sì, Lakshmin, provai emozione quando il tuo sguardo mi invitò a sedermi nel banco accanto a te.

Allora, invece, tergiversò.

– Sono stata contenta di conoscerti e tu che cosa hai provato quando mi hai vista la prima volta? –.

– Tenerezza. Forse sono stata tua madre e tu mia figlia –.

– Perché non sorella, o marito o moglie? Si può rinascere di sesso diverso, no? –.

– Si può, ma, per me, non c'è stato quel tipo di emozione –.
Fu categorica e deluse l'amica. La fantasia di Mirna amava sbizzarrirsi, galoppava fra nuvole e voli di rondine, Lakshmin, che raccontava favole, nello stesso tempo, sapeva essere così razionale...

Mirna decide che forse è bene mettere un'inserzione sul giornale locale. Magari preparare dei volantini da esporre in qualche negozio, oppure presentarsi al preside della scuola privata di lingue. Molti, i progetti.

Il redattore che raccoglie la sua richiesta ha voglia di sorrisi e chiacchiere. Le fa delle domande, è molto gentile e intraprendente. Come in altre occasioni simili, lei si irrigidisce. Dopo anni di matrimonio e un divorzio, sta sempre sulla difensiva. E poi che cosa si nasconde dietro l'aspetto attraente di un uomo? O di una donna, naturalmente. Difetti e qualità, successi ed errori non fanno distinzione di sesso.

George era un uomo attraente, con più anni di lei. Forse ciò che Mirna aveva cercato in lui erano esperienza e sostegno, l'alternativa al padre fantasma della sua infanzia. Chissà quali ragioni nascoste nel profondo dell'inconscio.
Viaggio di nozze sulla Costa azzurra, passeggiate mano nella mano molto romantiche. Baci e carezze, estrema delicatezza di un uomo maturo con una ragazzina inesperta. Lo aveva apprezzato.
Al ritorno dal viaggio di nozze, c'erano stati alcuni altri tentativi diversi, più approfonditi. Tentativi. Lei davvero non sapeva niente di erotismo o sesso, salvo informazioni lette su libri. Con sua madre nessuna confidenza. Della mamma, ricordava soprattutto sospiri e lacrime, e qualche singhiozzo soffocato che le arrivava dalla stanza accanto.
Alla fine, il matrimonio era stato consumato. Pochi secondi la durata del rito, il tempo di chiedersi se davvero era accaduto. E così sarebbe stato nel seguito degli anni, incontri rari e veloci, o, più preciso, sarebbe il termine *coiti*. Con il passare del tempo, sarebbero state eliminate anche le premesse, le carezze e i baci. Lei rigida, in attesa di qualcosa che non arrivava, gli occhi spalancati nei brevi attimi, subito chiusi per evitare che le leggesse dentro l'indifferenza e il fastidio.
George l'accusava: – Sei frigida. Pensare che, sposando un'italiana, mi sarei aspettato fuoco e scintille –.
Per quel commento umiliante, più volte ripetuto, un giorno, dopo quasi diciotto anni di matrimonio (è incredibile!) s'era decisa ad andare da uno specialista. Il medico le aveva fatto molte domande, prima con delicatezza, poi sempre più in-

calzante. S'era sentita imbarazzata e in sospetto di curiosità morbose. In realtà, per quell'uomo, era semplice e normale routine, casi come il suo li trattava ogni giorno.

– Si tranquillizzi. Chi ha bisogno di un medico è suo marito – le aveva detto alla conclusione della visita – io, se non si offende, potrei solo consigliarle di farsi un amante. Naturalmente se intende tenersi quella specie di marito –.

Una sorta di pugno in faccia, le venne voglia di restituirlo.

– Per esempio lei? –.

Si era messo a ridere: – No, guardi, non è il mio caso, mi ha proprio frainteso. Ho voluto soltanto dire che dovrebbe fare almeno un confronto, visto che non ha mai avuto altre esperienze al di fuori del matrimonio. Sperando che non incappi in un altro caso di... inefficienza –.

Era uscita da quello studio con la testa in fiamme. S'era scoperta a guardare gli uomini per strada, domandandosi: "Potrebbe essere un uomo *efficiente* ?"

Poi mi venisti in mente tu Lakshmin e mi placai. Ricordai dell'incontro che avevamo sognato adolescenti, quello che io chiamavo 'colpo di fulmine' e tu 'incontro luminoso'. C'era mai stata emozione con George? Da che cosa avevo dedotto di esserne innamorata e che lui lo fosse di me? Stava già scritta nel mio karma la mia storia infelice con George?

La voce dell'uomo alle sue spalle era calda e profonda, mentre, impacciato, tentava di spiegarsi con la commessa di quel grande magazzino in Carnaby street. Il suo inglese era pessimo, con qualche parola *inglesizzata* dall'italiano, la commessa non comprendeva.

Mirna si voltò verso di loro e tradusse.

L'uomo ebbe un respiro di sollievo: – Lei mi ha capito, per fortuna –.

– L'ho capita perché sono italiana –.

– Doppia fortuna – commentò lui. – Sono a Londra da due

giorni per un congresso e sto soffrendo le pene dell'inferno. Se faccio tanto di allontanarmi dall'équipe, mi perdo in un niente. Leggo e scrivo in inglese eppure... –.

– Parlare è un'altra cosa, se sbaglia la pronuncia, diventa incomprensibile –.

Era alto e bruno, un'età fra i trenta e i quarant'anni. Le trasmetteva sensazioni, chissà se anche lui le avvertiva.

L'uomo si presentò, era un ricercatore della facoltà di informatica presso l'Università di Pavia.

– Adesso non mi abbandonerà, spero – le disse.

Si sarebbe trattenuto altri due giorni, voleva fargli da guida per Londra?

George era solito rientrare solo a tarda sera, nemmeno si sarebbe accorto se lei mancava tutto il giorno. In libreria, chiese due giorni di permesso, Daisy non mosse ciglio alla richiesta. Chissà se conosceva i problemi coniugali del fratello, ma perché avrebbe dovuto?

Lorenzo aveva un buon odore e una pelle tesa e asciutta. Fu stupendo, il giorno dopo, fare l'amore con lui un intero pomeriggio in albergo. Le venne perfino da implorare "basta è troppo", tanto fu intenso e prolungato il piacere. Lui, poi, partì come era previsto, nel salutarla le disse:– È stato molto bello. Per fortuna siamo lontani, altrimenti sarei tentato di rivederti – . E, con questo, escludeva che si sarebbero rivisti. Aveva una moglie "che amava" in Italia. Incomprensibile per Mirna l'amare e l'essere infedeli, forse gli uomini sono molto meno complicati delle donne.

Poco tempo dopo la partenza di Lorenzo, Mirna chiese a George di concederle il divorzio. Per la prima volta, aveva messo a fuoco suo marito così com'era nella realtà, un uomo di cinquantotto anni, precocemente invecchiato, che mai avrebbe ammesso le proprie carenze. George non rifiutò, non fece scenate, forse fu un sollievo anche per lui. Le aveva mentito, sempre in quegli anni, assumendo la condizione di vittima per aver sposato una donna che non gli corrispondeva. Nel timore che Mirna raccontasse in giro le loro miserie, fu anche generoso. Non mercanteggiò l'assegno di mantenimento. Accettò la richiesta dell'avvocato, soddisfatto che Mirna, per evitare disagi e imbarazzi, avesse acconsentito a lasciare il posto di lavoro presso la libreria. George temeva talmente l'invadenza della sorella...

Non so, Lakshmin, se con Lorenzo sia stato un incontro karmico, o una meravigliosa opportunità di confronto colta al volo, o... una grazia ricevuta... Di sicuro, nessuna inibizione o falsità nel nostro brevissimo rapporto. Tutto è stato stupendamente spontaneo, occasione unica e irripetibile nella sua perfezione. Impulso determinante e definitivo alla risoluzione della mia storia con George.
Allora perché andare a cercare la prima moglie di George, prima di decidere definitivamente il divorzio, che senso aveva trovare altre conferme, o attenuanti? Viltà o tentativo di esorcizzare improbabili sensi di colpa?

Shirley aveva accettato di incontrarla, forse soltanto per curiosità. Adesso stavano sedute al tavolo di un bar, sorbivano una canonica tazza di *tea*, due convenzionali signore inglesi alle 17. Età diversa, cinquanta e trentanove anni. Un certo impaccio all'inizio, parole convenzionali, di chi non ha interessi comuni. Eppure avevano avuto un uomo in comune, anche se in tempi diversi. Shirley aveva divorziato da George vent'anni prima, dopo due anni di matrimonio. Si era risposata alcuni anni dopo, unione serena che ancora andava avanti, due figli al college. Era una donna che conservava un aspetto piacente. Elegante e signorile, bionda, occhi azzurri porcellanati, contornati da minuscole rughe. Come possono cambiare i gusti di un uomo nel tempo...
– Vuoi chiedermi perché io e George ci siamo lasciati – tagliò corto a un tratto Shirley, meno coinvolta emotivamente.
Mirna annuì.
– Probabilmente per lo stesso motivo per cui vuoi lasciarlo

tu. Era impotente. E poi... non dovrei dirtelo, ma negherò di avertelo detto se dovessi chiamarmi in causa, lo trovai a letto con un suo allievo del college. In casa nostra, nel nostro letto. Naturalmente accettai di concordare, per il divorzio, motivazioni diverse, non volevo metterlo in difficoltà. Anche il ragazzo, s'intende. Devo ammettere che George mi fu grato, dal punto di vista economico, voglio dire. Saprai che lui e la sorella, se volessero, potrebbero vivere di rendita, i genitori erano molto ricchi... −.

Si fermò perché, dall'espressione di Mirna, capì che l'altra lo ignorava. Seguitò: − Hai detto che siete sposati da diciotto anni? −.

− Lo so che sembra incredibile... Però non credo che George possa essere definito impotente... solo... precipitoso. E adesso... saperlo gay... non l'ho mai sospettato −.

Le sembrava una classificazione troppo dura, quasi feroce, "impotente". Il sessuologo era stato più benevolo. Aveva usato il termine "eiaculatio praecox" e parlato di "inefficienza".

Shirley incalzò: − Da dove vieni, in che mondo vivi, dopo diciotto anni di convivenza! Impotente e omosessuale e imbroglione visto che usa le donne come copertura. In linea di massima, non ho niente contro i gay, ma contro quelli che si nascondono dietro una moglie legittima sì e, in più, credono di poterla privare di una sana sessualità... Comunque io me ne accorsi subito. Non ero più una ragazzina e avevo avuto precedenti esperienze con uomini "normali". C'è stato un momento in cui, durante i rarissimi nostri rapporti sessuali, io contavo i secondi per stabilirne la durata. Record negativo cinque secondi, positivo venti −.

La prima moglie di George era davvero implacabile.

− Però anche gli omosessuali... penso... avranno bisogno di un'erezione decentemente prolungata − commentò incerta Mirna.

L'altra ebbe una risatina nervosa, un po' impacciata. Forse era pentita d'essersi lasciata andare a simili confidenze. Aveva rivelato, senza volere, delusione e rancore non ancora del tutto smaltiti, nonostante si fosse rifatta una vita. Chissà se davvero aveva avuto un secondo matrimonio sereno. O se, per caso, non era stato un ripiego all'inizio e poi un situazione di comodo, o di obbligo, per amore dei figli. Può darsi semplicemente che il matrimonio non sia un granché come istituzione.

– Dipende... Possono essere attivi o passivi – tagliò corto Shirley, lapidaria.

Mirna era ammutolita. Non tanto per la sorprendente rivelazione che adesso spiegava molto del comportamento di George nel rapporto uomo-donna, quanto per la mancanza di sincerità del marito. Un inganno esasperato al punto da voler ingiustamente colpevolizzare lei. Mirna, la frigida. Se almeno, dopo un certo tempo di convivenza o di apparente matrimonio, lui le avesse dato fiducia, si fosse confidato o confessato... L'amore non è fatto solo di sesso, non di questo lei lo accusava, ma di averle mentito, mancato di rispetto. Anzi, di averla scelta con la convinzione che sarebbe stato facile ingannarla. Mirna la stupida, colei che viveva di fantasie e reminiscenze indiane, predisposta alla rinuncia, all'accettazione... Quante volte lui aveva ironizzato sulla sua "mania dell'India", o "ricerca fasulla di spiritualità"?

Niente sapevamo noi due di sesso, Lakshmin. Mai certi discorsi fra noi.

Un giorno, cercando un vocabolario in camera di suo fratello Fabio, Mirna aveva trovato il libro del Kamasutra. Lo aveva appena sfogliato e poi riposto, senza troppa curiosità, né scandalo né emozione.

Ne aveva già sentito parlare dalle suore nell'elencazione dei testi proibiti.

Lakshmin le disse: – L'amore è un sentimento ben più impegnativo di qualche posizione acrobatica. Beati l'uomo e la donna che riescono a conoscerlo –. Aveva una voce quieta che riusciva a dare pace.

Lakshmin pensava a ben altro amore, quello per la sua terra. Avrebbe voluto svegliare le menti della sua gente dal torpore, seminare l'idea rivoluzionaria già germogliata dentro di sé. Una rivoluzione pacifica alla maniera di Gandhi. A volte, essendo Lakshmin nata qualche anno dopo la morte di quel grande uomo, si rammaricava di non averlo conosciuto. Nello stesso tempo, era orgogliosa che il padre, invece, avesse avuto l'opportunità di incontrarlo e parlare con lui.

– Pensi di poter riuscire, regalando penne e quaderni e insegnando a leggere e scrivere parole elementari ai bambini nelle baracche? Forse qualcuno di loro imparerà a scrivere il proprio nome, ma se ne serviranno altri per far loro sottoscrivere pagine delle quali nemmeno hanno capito il senso – la provocò Mirna.

Parole durissime, chissà da dove le erano uscite. Non per ferirla, soltanto un tentativo maldestro di metterla in guardia. E colse nel segno. Lesse lo smarrimento negli occhi dell'amica.

– Hai ragione, forse è più giusto dedicarsi a uno soltanto di loro, ma in modo completo, efficace. È da un seme che germoglia la pianta –.

– Tu pensi che permetterebbero ad un paria di elevarsi, di essere istruito, di essere un esempio? –.

– Probabilmente no, ma non posso saperlo se non tento –.

Si parlava molto di una donna albanese, una certa Teresa, che a Calcutta si stava dedicando ai più miseri. Li accoglieva, aiutandoli a trovare la dignità nella morte. Molte ragazze indiane, anche di buona famiglia si erano unite a lei in quell'opera di misericordia.

– Con tutto il rispetto... non aspiro alla santità. Piuttosto che aiutare i moribondi a morire, preferisco tentare di risvegliare i vivi. E non sopporto regole, gli uomini, con le regole, uccidono qualsiasi iniziativa. Uccidono la fede. Prendi il cristianesimo... pensi che il pensiero originale sia stato rispettato? –.

Non sapevo risponderti, però capivo quanto fossero peri-
colose, per una donna indiana, quelle riflessioni espresse in
parole. Mi guardavo sempre in giro nel timore che qualcu-
no potesse ascoltarci.

Per quei discorsi compromettenti, il più delle volte, sceglie-
vano un luogo aperto, un giardino, o della casa di Mirna o di
Lakshmin o del convento delle suore. Ma se è vero che "i muri
hanno orecchie", temevano che anche le piante potessero
averne: cespugli e tronchi d'albero offrono facili nascondigli.
– Le religioni nascono per dare sollievo ai derelitti, poi diventano strumento di potere, lo sanno tutti. Però, secondo me,
l'arma peggiore contro i poveri non è la religione: è l'ignoranza. Per meglio dire, la mancanza d'istruzione, non dico a
livello elevato... ma quella che ti permette di leggere e capire
o t'impedisce di firmare una confessione che ti condanna a
morte... –.
I commenti provocatori di Mirna tuttavia nascevano non per
polemica, ma per allertare l'amica, farla riflettere. Era molto preoccupata per lei. Sapeva che molto spesso usciva con
la sola compagnia di Lilith. Stava fuori per ore, fidandosi
dell'autista che restava di guardia all'auto, mentre si adden-
travano nei vicoli più oscuri della città.
A volte, per distoglierla da certe iniziative, le faceva notare che proprio lei, Lakshmin, le aveva parlato del karma,
dell'accettazione che non era rassegnazione negli occhi e
nella mente dei poveri, ma quella che dava loro dignità. E
meritava rispetto. E, poi, quanto fosse inutile ribellarsi, anzi
controproducente, perché avrebbe prolungato il ciclo delle
partenze e dei ritorni. Ecco perché non capiva quel suo progetto così pericoloso, quell'accanimento nell'intento di voler
modificare un sistema millenario. Altri più forti e qualificati
di Lakshmin non erano riusciti a spostare nemmeno un gra-
nello di sabbia, la ragazzina progettava di sollevare una montagna, con quelle sue braccia esili, da adolescente.

– Può darsi che il mio karma sia proprio questo: smuovere quella montagna. Almeno tentare... –.

Mirna rinunciava alla replica. Avrebbe voluto dirle che una donna in India è meno considerata di una piuma di gallina, ma conosceva già la risposta. "Appunto. Anche questo vorrei cercare di cambiare".

Se il suo "promesso sposo" non l'avesse rifiutata come sperava, fra due anni avrebbe avuto fastose nozze indiane con festeggiamenti di giorni. E i poveri, a debita distanza, avrebbero osservato attoniti ed estasiati. Quello sfarzo si sarebbe riflesso nei loro occhi, avrebbe perfino rallegrato i loro cuori. Chi di loro si sarebbe scandalizzato per il contrasto stridente della miseria con la ricchezza?

Eri tanto giovane, Lakshmin, ti piacevano le fiabe e te le raccontavi...

"Sarebbe stato meglio, se avessi preso l'autobus "pensa Mirna, irritata con se stessa. Per quei pensieri, per quei ricordi. Ha attraversato la città a piedi, due passi fanno bene, si era detta. Ma camminare concilia i pensieri, le fantasie, le memorie più lontane. La presenza invisibile di Lakshmin le è sempre accanto. Protettiva, esorcizza la paura della solitudine, dell'infelicità. Il dialogo fra loro non si arresta, è come un rito magico, è la vita che continua, nonostante tutto. Ma c'è un limite ai ricordi oltre il quale Mirna non vuole andare, non vorrebbe...

Claudia

Le sembra strano camminare di mattina, in città, per le vie del centro. Non lo fa da anni. Forse dal tempo dell'Istituto Tecnico. E ancora: "Devo pensare ad altro. È stato carino Marco a darmi due giorni di permesso, senza farmi obiezione".

Marco Romoli è il direttore della banca presso cui lavora, che poi è la stessa dove lavorava suo padre. Praticamente, lei ha preso il posto del babbo.

"Accidenti, vorrei aprirmi la testa con un apriscatole, liberarla dai pensieri".

– Claudia! –.

La sorpresa è violenta. Dal giorno degli orali alla maturità, non lo ha più incontrato, né sa niente di lui. Ne era innamorata, amore da liceale, lui invece era innamorato di Giulia. Non ha dimenticato lo sguardo di accusa di Michele: acido muriatico.

– Sono in licenza: non mi sarei mai aspettato di incontrarti –.

– Di solito, sono al lavoro, a quest'ora di un giorno feriale –.

– So che lavori in banca, che abiti da sola nel vecchio appartamento... avrei voluto telefonarti... –.

– Com'è che sei così informato? –.

– Vedo spesso il Gorrieri –.

– Quello che portò in classe la rivista pornografica? –.

– E tu mettesti nei casini tutta la classe –.

Ma Claudia non sorride.

– Cambio la domanda. Com'è che il Gorrieri è così informato su di me? –

– Essendo il ragazzo di tua sorella... –.

Questa poi! Davvero le gemelle erano così perdute per lei, da essere l'ultima a sapere? E anche dei gemelli in fondo... Che cosa sa di loro? Li vede così raramente... Soltanto quando è invitata a pranzo in casa degli zii. E, in quell'occasione, si sente come un'ospite di convenienza.

– Sono stato a Firenze a trovare la madre di Giulia –.
Adesso Claudia non riesce a parlare.

Come potrei, Giulia, ascoltare di te senza mettermi a piangere?

– Ho bisogno di parlarti, ma non qui in mezzo alla strada. Dobbiamo parlare Claudia, dammi questa possibilità –.
– Va bene. Vieni a cena da me stasera, non credo di dare scandalo se ricevo un vecchio compagno di scuola. E se anche lo dessi... –.

Tu diresti Giulia che sarebbe ora che mi concedessi qualche trasgressione. E che trasgressione, con Michele che era innamorato di te...!

Adesso non ha più difesa, né controllo, i ricordi hanno preso i sopravvento.

Lo squillo la svegliò. Un'occhiata alla sveglia sul comodino, le cinque e trenta del mattino. Possibile che Giulia chiamasse a quell'ora? Poi si rese conto che non era lo squillo del telefono ma del campanello di casa. Si alzò completamente frastornata, andò alla finestra tenuta semiaperta, dato il caldo di fine giugno. Albeggiava appena. Dal quinto piano, senza occhiali né lenti a contatto, distingueva a malapena le due figure al portone, vedeva solo le sagome. Nel frattempo l'aveva raggiunta sua madre, patetica nella sua camiciona lunga, mai vista sua madre in pigiama. La guardava smarrita, pareva implorare una spiegazione.
– Sono due carabinieri... –.
– Sveglia il babbo – le suggerì. Ed era il pensiero più logico che le fosse venuto in mente.
– Il babbo non è rincasato stanotte –.
– Ah... –.

Assolutamente rifiutava di pensare. Infilò in fretta un paio di jeans, mantenendo la maglietta con la quale aveva dormito.

Disse a sua madre: – Vestiti anche tu –.

Premette l'apriporta e si precipitò per le scale. Quei due invece non salivano e aspettavano fermi nell'atrio. Le chiesero se faceva parte della famiglia di Fausto Nantesi.

– Sono la figlia –.

– Si faccia coraggio, signorina... –.

Avevano un tono di circostanza, forse per loro era prassi normale.

– Suo padre ha avuto un gravissimo incidente –.

Come se non le appartenesse, sentì la propria voce chiedere: – State cercando di dirmi che è.... –. Ma qui si fermò. Davvero le era impossibile seguitare. Anche il carabiniere che aveva parlato fino allora non seppe pronunciare la parola: –Sì, signorina, è così –.

La propria voce insisteva: – Che cosa vuol dire "è così"? –.

– Il peggio –.

Allora non erano del tutto indifferenti se non riuscivano a dirle che suo padre era morto. Le gambe le si afflosciarono come per una molla che si è rotta. Si aggrappò al passamano e sedette sopra uno scalino. La mamma... "Non pretenderanno che glielo dica io!".

Dolore e terrore.

– Per piacere... c'è la mamma, al quinto piano, sta aspettando... salite voi, per piacere –.

– Va bene, ma lei, signorina, deve farsi forza, bisogna che venga su con noi... E forse è bene che lei sappia subito che suo padre non era solo in macchina... Bisognerà aiutare sua madre a superare anche questo, oltre al dispiacere per la disgrazia... La gente è cattiva... Sarebbe meglio che lo sapesse da lei piuttosto che da altri –.

L'uomo in divisa si decise: – Ci sono morti in due, nell'incidente. L'altra vittima è proprio una ragazzina... –.

La parola era stata detta: "morti". La testa di Claudia era piena di calabroni, le veniva da vomitare e quelli stavano a dirle che i morti erano due, suo padre e la ragazzina. Come fosse un particolare che può far male soltanto a una moglie, nessun riguardo per la figlia.

La sua voce chiese, automatica: – Chi è la ragazzina morta? –. Ma la risposta l'aveva già dentro, anche se era troppo difficile accettarla. Giulia, diciannove anni. Avevano già superato insieme gli scritti dell'esame di maturità. Giulia, la gemella ideale che le inventava un'identità per l'uomo che incontrava nel motel fra Pisa e Firenze, ma era spietata nella descrizione dei particolari intimi di quegli incontri.

– Non è necessario... precisare alla mamma, per il momento –. I due si avviarono per le scale e lei rimase seduta sullo scalino, un sacco pieno di bulloni. I calabroni ronzavano, le impedivano di ordinare i pensieri nel tempo dei passi che salivano per le scale. Centoquaranta gradini.

L'urlo di sua madre svegliò tutti gli inquilini del palazzo, Claudia fu costretta a salire.

Michele è impacciato, forse si è pentito di quell'iniziativa. Ha in mano il fagottino delle paste con la carta della pasticceria all'angolo sotto casa.

Saluti, convenevoli. La tavola è già apparecchiata senza pretese di eleganza.

– Non ti ho preparato una gran cena, non sono una brava cuoca –.

– Sicuramente sei modesta e poi io mangio di tutto –.

Per quanto tempo Giulia, gireremo intorno all'argomento?

– Posso lasciare accesa la televisione o preferisci... –.

– Come vuoi tu –.

Le racconta della madre di Giulia. È sempre carina, è stata gentilissima, gli ha mostrato il diario di Giulia. La donna, era però molto segnata e forse non più molto in sé, dopo la disgrazia.

– Mi ha chiesto di riferirti. Ti aveva pregata di andare da lei, quando stava ancora a Pisa. Ancora ci terrebbe a parlarti, a mostrarti il diario di Giulia –.

– Pensi che Giulia sarebbe contenta di sapere che tu sai del suo diario e che io possa leggerlo? –.

– Infatti, lo trovo un gesto molto generoso da parte di sua madre. Forse pensa che tu abbia bisogno di aiuto... Per la stessa ragione, anche con me, ha voluto chiarire –.

– Non ti seguo –.

– Nel diario è ben spiegato che tu non sapevi niente della storia fra la figlia e tuo padre. Oltre a tutta la tragedia, sentirsi sotto accusa...–.

– Diciamo che, più o meno esplicitamente, mi hai accusato soprattutto tu. Ho ancora le tue parole nelle orecchie –.

– Ti chiedo perdono. Giulia si era presa una "fissa" per tuo padre fin dalla prima Liceo. Lei lo voleva a tutti i costi, era morbosamente attratta da lui. Praticamente, si è servita della vostra amicizia e... –.

– Mi meraviglio che la Costanti... proprio a te, che sei così estraneo ai fatti... –.

Michele le stringe un braccio, cerca di calmarla. Non del tutto estraneo, Claudia lo sa, ma adesso è incontenibile.

– Io penso che bisogna essere in due, per... scopare. Lei era poco più che una bambina e lui un uomo sposato e aveva cinque figli, una delle quali compagna di scuola di Giulia. Lei lo avrà anche provocato, stuzzicato, tutto quello che vuoi... Oppure, semplicemente, si amavano. Esiste anche l'amore. Metti che si amassero... In ogni caso, più che ai figli, mio padre doveva renderne conto alla moglie, che poi era mia madre –.

Ti rendi conto, Giulia, che ti sto difendendo? E, invece, di solito tento di difendere me stessa dai sensi di colpa, accusandoti. Forse è così che s'impazzisce... Io continuerò a ripetermi che avrei dovuto capire in tempo, fermarvi.

– Eri innamorato di Giulia, Michele? –.

– Beh, sì... Amore adolescenziale... Il Gorrieri dice che tu invece eri innamorata di me –.

Cercano di riprendere un contegno. Maldestramente. Forse lui vorrebbe seguitare a parlare di Giulia e del diario, ma Claudia ha deciso che basta. Si sente nervosa e parla un po' a scatti.

– È vero, mi piacevi molto. Adesso possiamo anche cenare, Michele –.

Pensieri impazziti nella testa e, fuori, gesti misurati. La forchetta, il coltello, preferisci il vino, no, io bevo solo acqua, ho comprato il vino nel negozio qui sotto, non m'intendo di vini, magari fa schifo, allora non beviamolo...

– Hai una ragazza, Michele? –.

– L'ho avuta: ci siamo lasciati di recente –.

– Ci hai fatto sesso? –.

È riuscita a farlo arrossire.

– Sì, ma... –.

– Io non ho mai avuto un rapporto sessuale, nemmeno baciato un ragazzo. Giulia diceva che non ero normale, forse adesso avrebbe ragione –.

Intanto sparecchiano, non sanno se e quanto hanno mangiato. Di certo hanno bevuto, per darsi un contegno, anche se il vino era veramente pessimo.

Intanto Claudia lo osserva e continua a vederlo come ai tempi della scuola. Le piace ancora molto, anche se non è bello, forse proprio per questo le piace. Ha i capelli tagliati molto corti per via del servizio militare, il viso angoloso, il corpo asciutto e nello stesso tempo muscoloso, da canottaggio praticato per anni; ha un naso "importante".

Tu, Giulia, dicevi "un nappone". Possibile che faccia sempre riferimento a te? Gli occhi di Michele sono neri, grandi, intensi, tu dicevi che aveva gli occhi a palla, da ipertiroideo. Mio padre aveva occhi verdi, gli stessi occhi miei, dicevi. E mi guardavi estasiata e io non capivo che andavi in estasi per lui.

– Come mi classificheresti, Michele, dal punto di vista fisico intendo –.

Lo aiuta: – Passabile, insignificante, decisamente cozza, carina, sexy... –.

– Sei una bella ragazza, non credo che tu abbia bisogno di sentirtelo dire. Ti vedi allo specchio, no? –.

– Allora com'è che nessun uomo ha mai fatto follie per me, neanche ci ha provato? –.

– Il fatto è che metti... soggezione. Hai uno sguardo che inchioda, blocca l'iniziativa, mette in difficoltà –.

– Ti ho messo in difficoltà, stasera? –.

– Sono stato bene, perfettamente a mio agio –.

Per la verità, ha una voce abbastanza piatta. Non è sincero.

– Quando ti ho proposto di cenare a casa mia, hai pensato che stasera la tua licenza poteva concludersi... bene? –.

– Non ho fatto programmi –.

– Nemmeno io li ho fatti o, senza rendermene conto, li ho fatti –.

Claudia sa che sta sbagliando, ma non riesce a fermarsi.

– Devo... prenderla come una proposta? –.

Tenta di scherzare, ma è evidente che è molto imbarazzato.

– Non ti piacevo allora, nemmeno adesso –.

– Non mi piace il tuo modo di aggredire, poco femminile, scusa –.

– Ah, già...dimenticavo. Il Gorrieri pettegolava sulla mia amicizia con Giulia, le sparava grosse. Io non lo consideravo, lui si vendicava –.

– Ecco, infatti, il Gorrieri aveva una bella cotta per te. E cercava di provocarti in tutti i modi, anche ... scandalizzandoti, come quel giorno del lancio della rivista porno –.

– Forse hai ragione, sono particolarmente aggressiva. Avrei potuto prendere un album di fotografie, mettermi a guardarlo con te sul divano, sfiorarti una mano, un ginocchio con un ginocchio... Avvicinarmi col viso al tuo viso, come per caso, una specie di film. Forse ti spaventa il fatto che a ventidue anni io sia ancora vergine? –.

– È meglio che me ne vada –.

– Ce l'ho davvero un bell'album di fotografie, non andartene –. Troppo tardi si rende conto che l'album è un errore. Ci sono le sue foto con Giulia e alcune con suo padre e con sua madre. Dopo poco, si ritrovano tristissimi. Quelle foto fra loro.

– Scusami – esordisce Claudia. La voce le s'incrina. Dov'è finita l'aggressività? Michele le mette un braccio attorno alle spalle, in un gesto goffo e protettivo insieme. E poi tutto come da manuale. Claudia non sa baciare, dimostrazione ridicola d'inesperienza. In ogni caso, finiscono ugualmente in camera da letto, sul letto, ma è una forzatura. Mani anchilosate e cerniere che s'inceppano. Michele a un certo punto si scusa. Proprio non ci riesce.

– Porca miseria, mi hai ghiacciato – le dice.

Non osano dirsi la verità. Insieme a loro, sul letto, hanno sentito altre presenze, incancellabili nella memoria. Quasi sul punto di materializzarsi, se fossero riusciti ad andare oltre quel maldestro tentativo. Quando Claudia lo accompagna alla porta, non hanno il coraggio di guardarsi in faccia.

– Ci sentiamo – dice Michele –. Ma entrambi sanno perfettamente che non ci saranno altri tentativi, nemmeno una telefonata.

Al funerale, poche persone. Parenti e qualche amico di suo padre. Tutti adulti. Nessun compagno di scuola, nessun insegnante: erano andati al funerale di Giulia. Al loro posto, anche Claudia avrebbe fatto quella scelta. Avrebbe pianto e si sarebbe disperata per Giulia, così bella e così giovane e tante legittime aspirazioni cancellate in un attimo. Ma Claudia non riusciva a piangere, né per Giulia né per il proprio padre. Il suo stupendo padre e la sua migliore amica, l'unica. È possibile che la morte trasformi l'amore in odio senza che la mente si sconvolga?

"Aiuto, aiuto... qualcuno mi aiuti".

Aveva camminato come un automa dietro al feretro. Continuava a pensare a Giulia che si era presa gioco di lei, rendendola complice ignara. I commenti di Giulia, le sue curiosità morbose, tutte quelle domande su suo padre e sua madre. La morte ingigantisce le colpe o le cancella?

La mamma... La sostenevano a braccia, imbottita di psicofarmaci, un sacco di segatura. Più tardi, i parenti intimi stavano nella stanza coniugale con lei. Forse non era il posto più idoneo a trattenersi per consolarla. La nonna e la zia... Avevano passato parola. Tacere della relazione del babbo con la ragazzina, finché era possibile. Il tradimento è più grave della morte? Insieme formano un vortice di dolore insostenibile.

Tutti pensavano che Claudia fosse stata al corrente di quella brutta storia, anzi che l'avesse favorita. La ragazza l'aveva letto nei loro sguardi accusatori. Nessuno a darle un braccio al funerale, nessuno a cercarla nella sua stanza al ritorno a casa.

"Che cosa penserà di me la mamma quando saprà di Giulia, mi accuserà anche lei?"

E la madre di Giulia? Quell'ultima sua telefonata ansiosa, di notte... La sua complicità nelle risposte evasive. Come spiegarle che era complice soltanto in parte, che non conosceva l'identità dell'innamorato di Giulia? L'auto della sua amica, trovata parcheggiata alla periferia della città. L'incidente avvenuto a trenta chilometri di distanza. L'auto di Fausto Nantesi sull'autostrada, l'integerrimo funzionario di banca, padre di cinque figli. Le bugie di Giulia.

"Datemi un poco di sana verità".

"Ho conosciuto un uomo meraviglioso, tenero, dolcissimo... La prima volta, un sogno, le altre volte, meglio..." le aveva confidato Giulia.

Che cosa mi hai fatto, Giulia. La bambina ferma davanti alla porta socchiusa, sovrapporrà la tua immagine a quella di sua madre. O vi vedrà entrambe cavalcate da quell'uomo che amavo e che è stato mio padre?

Nella testa di Claudia c'erano confusione, dolore e rischio di pazzia. Pietosa pazzia. Sopra e dentro di lei, gli sguardi di chi l'accusava.

Qualcuno bussò alla sua porta, era la nonna, forse a lei non avevano ancora raccontato.

– Claudia, bambina mia, dovresti venire anche tu dalla mamma –.

La nonna l'abbracciò piangendo. Le lacrime di Claudia erano calcificate in gola e dentro il petto. Amalgama di zolfo e soda caustica.

Sapeva che il suo posto sarebbe stato accanto alla mamma, così come sarebbe stato giusto che fosse per la figlia maggiore. La gemelle e i gemelli invece si trovavano in casa dei fratelli del babbo, lontano dalla disperazione inconsolabile della mamma, protetti da un eccesso di dolore. Forse era stata la scelta migliore.

Nella stanza della mamma, la zia Letizia, sorella di sua madre, si scansò vedendola entrare, andò verso la finestra e girò le spalle. Claudia si avvicinò a sua madre che, riconoscendola, singhiozzò convulsamente. La zia, senza nemmeno girarsi, puntualizzò: – È meglio, Claudia, che te ne torni nella tua stanza –.

La sua voce era appena un sussurro. Ma glaciale. Implacabile. In fondo, bisognava capirla: era stata la nipote a favorire le occasioni di incontro fra quei due disgraziati. Che la ragazza fosse o no al corrente della tresca, diventava un'inezia.

Sulla scrivania della sua stanza, c'erano i libri, così come li aveva abbandonati tre sere prima, dopo che Giulia l'aveva lasciata per incontrarsi con suo padre. Fra due giorni, gli orali dell'esame di maturità. L'istinto di fuggire. Braccata dal dolore, prima o poi sarebbe riuscito a raggiungerla. Ora era soltanto la rabbia a sostenerla. Sarebbe stato più saggio abbandonarsi e accettare di farsi catturare, di permettere al dolore di penetrarla.

È stato davvero uno sbaglio, Giulia, portarmi in casa Michele, mostrargli le nostre foto insieme.. Non ricordavo quella di gruppo, scattata dalla mamma, dove tu sei fra me e mio padre... E adesso Michele con me, sul letto, a far finta di desiderarci, cercando di allontanare l'immagine di te e mio padre che facevate l'amore... Ora non potrò più salvarmi dai ricordi, ho tutto davanti agli occhi, come un film.

Claudia percorse il largo corridoio sul quale si affacciavano le aule. Dopo gli scritti, gli orali, il tempo intercorso valeva millenni. Si muoveva come fosse stata di plastica. Nell'atrio aveva già incontrato i suoi compagni, tutti a farle le condoglianze, ma con quell'espressione strana d'imbarazzo e, terribile constatarlo, anche di malizia con quella domanda muta nello sguardo. Solo Michele aveva avuto il coraggio di seguirla per le scale e bloccarla sul pianerottolo. Povero Michele che era sempre stato innamorato di Giulia...
– Tu lo sapevi di Giulia e di tuo padre? –.
Nessuna pietà per lei.
– Non lo sapevo, ma mi sento in colpa lo stesso –.
La voce le era uscita tremula e forse anche spaventata, con lo sguardo di Michele che l'accusava.
– Se non fosse morto anche lui, lo avrei ammazzato io –.
Parole di una ragazzo di diciannove anni, hanno il peso che hanno. Le aveva girato le spalle senza aggiungere altro e, considerando che lui avrebbe avuto gli orali fra una settimana, era evidente che fosse venuto a scuola soltanto per affrontarla. A volte, essere cattivi aiuta a soffrire meno.
Come avrebbe potuto, Claudia, superare tutto questo? Disperatamente se lo domandava.

Poco dopo, come uno zombie, rispondeva alle domande dei professori, dunque qualcosa ricordava di quanto aveva studiato (insieme a Giulia), ma si esprimeva come un robot. Gli scritti erano andati bene, le avevano fatto vedere il voto, per quello che le importava...

La professoressa Manoli, membro interno della classe, uscì a sussurrarle, come aveva fatto con gli altri allievi, il risultato complessivo dell'esame.

– Peccato – disse – ti hanno dato cinquantotto, avrebbero potuto fare uno sforzo di più, ho spiegato quanto stai passando –.

Claudia l'ascoltava senza metterla a fuoco, era solo una sagoma umana, davanti a lei.

E l'altra, quasi facendosi forza: – Come stai? E... come sta tua madre... –. Quelle sospensioni nella voce sciupavano la buona volontà. I pensieri possono avere consistenza e assumere forma.

– Mia madre... Non ci sono parole per descrivere come sta mia madre... –.

E poi di getto: – Non sapevo niente, professoressa, di mio padre e di Giulia. Mio padre era un padre splendido e Giulia la mia migliore amica... –.

La voce le si spezzò. Stimava la professoressa Manoli e sapeva di essere ricambiata per la serietà nello studio, sarebbe riuscita a farle capire?

– Povera bambina –.

Fu quanto l'insegnante riuscì a dire.

"Se Dio vuole, pensò Claudia, non tornerò più in questa scuola".

Lasciò l'Istituto Tecnico e, dal cancello, vide che l'autobus era appena partito. Decise di incamminarsi a piedi. Aveva bisogno di riflettere, anche se già stava considerando di parlare con la mamma. Quel carabiniere non aveva avuto torto a dire che sarebbe stato meglio apprendere tutta la verità da lei, la figlia, prima che fosse un estraneo ad informarla. Altrimenti la mamma avrebbe potuto credere che lei fosse stata davvero complice in quella brutta storia, che avesse tenuto mano a Giulia.

Occorreva tutta la delicatezza possibile, le avrebbe dato comprensione e tenerezza. E l'affetto che non le aveva mai dimostrato. Le avrebbe chiesto perdono per averle portato in casa Giulia, giovanissima e bellissima e non aver capito quale pericolo avrebbe rappresentato, quale tentazione per il babbo.

Uscendo di casa, la mattina prima delle otto, aveva lasciato la madre ancora a letto, le aveva bussato alla porta, aveva sentito soltanto un suono appena articolato di saluto. Non si erano più realmente parlate dopo la notizia della disgrazia. Soltanto parole banali e monosillabi.

Le finestre erano ancora chiuse, la mamma non si era alzata. Bisognava aiutarla a reagire, altrimenti sarebbe caduta in depressione. Forse bisognava chiudere la casa e andarsene in un'altra città.

"Fra un po' di tempo, quando si sarà ripresa, la convincerò a levarsi quella crocchia da vecchia, a tagliarsi i capelli. Le proporrò di fare un viaggio insieme. Potremmo andare in India... è stato sempre il mio sogno, visitare quei posti, così diversi e misteriosi...".

Bussò alla porta della stanza da letto della mamma. Forse avevano sbagliato gli zii a prendersi i nipoti, credendo che non bisognasse disturbarla... Averli presenti in casa sarebbe stato un aiuto a reagire... Nessuna risposta, quindi aprì. Stava ancora dormendo, le venne il timore che si fosse sentita male. C'era odore di rinchiuso nella stanza. Per forza, non aveva più voluto le finestre aperte perché la luce la infastidiva! Di certo, preferiva non mostrarsi in piena luce con il viso tumefatto dal gran piangere. La scosse dolcemente e la chiamò, più che mai decisa a rivelarle tutto. La mano di sua madre era molto fredda, non era normale con quel caldo di luglio.

Prima la paura e poi la rabbia. Le prese un tremito convulso. Si precipitò a spalancare la finestra. Il colore del viso di sua madre... La bottiglia dell'acqua e il bicchiere sul comodino e quei tubetti per terra.

"Vigliacca, vigliacca, vigliacca... Come hai potuto farci questo!". La collera la sostenne. Sarebbe mai riuscita a perdonarla?

Pazza, demente. Cinque figli... Trovare un minimo di ragione di vita per ciascuno di loro.

Riuscì a telefonare al medico, più difficile fu per i parenti. Quale il più forte, quale chiamare per primo? Chiamò lo zio Piero, fratello del babbo. La nonna e la zia Letizia avrebbero avuto un motivo in più di accusa. Il seguito fu nebuloso, come se non le fosse appartenuto. Non c'era più posto dentro di lei per altro dolore, niente che potesse ferirla ancora di più. Soltanto molto più tardi avrebbe realizzato che non era riuscita a parlare con sua madre, a dirle quanto l'amava.

Altro funerale, ma c'era una moltitudine di persone alla funzione. Piangevano oggi la vittima uccisa dalla disperazione e dalla follia. Anche questa volta (ma che cosa avevano nella testa gli zii?) i fratelli di Claudia, gemelle e gemelli, erano stati tenuti da parte, trasferiti nella casa al mare. Non erano stati informati, bisogna essere cauti, c'era il rischio di traumatizzarli troppo. Ma le gemelle non erano abbastanza grandi, solo due anni meno di Claudia, perché non farle intervenire al funerale?

Lo zio Piero, la prese sotto braccio per sostenerla. "Grazie, pensò, per aver avuto compassione di me".

All'uscita della funzione, le si avvicinò l'ultima persona che mai avrebbe immaginato di poter incontrare: la signora Costanti, madre di Giulia.

L'abbracciò e le sussurrò: – Povera piccola, quanto dolore... –. Scalfì la sua fragilità, riuscì a farla piangere.

Francesco e Maurizio, i gemelli di dodici anni, andarono a vivere con lo zio Mauro, altro fratello del padre. La zia Cecilia, sua moglie, non era granché simpatica. Neanche al babbo e alla mamma era stata simpatica, non aveva avuto figli e aveva invidiato la mamma per averne avuti tanti. Ci fu, in seguito, un intervento del giudice tutelare per l'affidamento dei gemelli agli zii, se ne occuparono gli stessi zii. Mauro Nantesi era avvocato e chi meglio di lui avrebbe saputo districarsi fra le varie leggi. Informazioni confuse per Claudia. Realizzava che gli zii, non avendo avuto figli, avrebbero finto di averne avuti.

Con quegli sprazzi di ribellione, non intendeva essere cattiva, però non poteva fare a meno di constatare che la frantumazione della famiglia era completa. Vedere Francesco e Maurizio soltanto una volta alla settimana, quando andava a cena dagli zii, diventava una forzatura, si sentiva come un genitore dopo il divorzio dal coniuge.

Sandra e Fiorella, invece, erano andate ad abitare con lo zio Enzo e sua moglie Clara. Il loro unico figlio, Costantino, studiava presso un'università americana, lo vedevano una volta l'anno, per Natale. Gli zii erano piuttosto benestanti. Avrebbero fatto finire gli studi anche alle gemelle, le avrebbero mandate entrambe all'università, se Sandra ne avesse avuto voglia, ma non aveva mai dimostrato di averne.

Adesso Costantino aveva ottenuto un contratto di lavoro presso l'Università dove si era laureato, in America. Più spazio per le gemelle in quella casa. Claudia vedeva le sorelle meno dei fratelli. Avevano quasi sempre qualche impegno diverso quando le invitava a cena: amici, discoteca. Fiorella qualche esame da preparare. Oppure erano semplicemente stanche. Sandra lavorava tutto il giorno come commessa, molto più pesante, diceva, del lavoro della sorella in banca. Soprattutto meno retribuito. Quel lavoro in banca, sarebbe stato destinato alla mamma, dopo la morte del babbo, funzionario bancario. Era stato trasferito direttamente alla figlia maggiore, dopo che anche la mamma se n'era andata. Fra l'altro, il diploma in ragioneria tornava adeguato.

Claudia era rimasta sola nella casa che era stata dei genitori. Ora era legalmente di tutti e cinque figli, ma non poteva essere venduta finché c'erano i figli minorenni.

Di questo Claudia, dentro di sé, a volte si rammaricava. Meglio sarebbe stato vendere tutto e andarsene. Trovare per sé un mini appartamento in affitto, ma, nel frattempo prendersi una vacanza. Le sarebbe molto piaciuto un viaggio in India.

Ti ricordi, Giulia, quando fantasticavamo di un nostro possibile viaggio in India? Lo so che tu mi assecondavi solo per compiacermi, tanto ti sembrava improbabile quel mio progetto e poco interessante per te.

Mirna

Per quanto abbia fatto miglioramenti in casa, Mirna ha qualche volta l'impressione che le pareti le si restringano addosso, dandole una sensazione di soffocamento. Quella casa che era stata dei nonni, dove era cresciuto suo padre, non le è familiare come dovrebbe essere per averla conosciuta bambina, ospite dei nonni. Del resto, si è sentita estranea fin dal principio, anche nell'attico a Londra, accanto a George.
Dicono che tutti avremmo bisogno di radici, di un riferimento...
Mirna non vuole ricordare né ammettere che avrebbe voluto le proprie radici in India, per gli anni più vissuti là. Eppure non si può dire che la sua fosse stata una famiglia unita, anzi nemmeno una famiglia, con quel padre sempre assente e la madre chiusa in camera a piangere. Non è il ricordo di quella famiglia a legarla ancora all'India.

La mia famiglia eri tu, Lakshmin, madre, padre, sorella, forse anche di più. So che è illusione il dialogo con te, che in realtà parlo con me stessa, ma illudermi mi aiuta. Da principio, ti sentivo così vicina... di continuo... oltre alle domande venivano anche le risposte... Ora è un monologo che si fa sempre più malinconico.

Il ragazzo stava accovacciato a terra e lavava il pavimento. Era un paria, un intoccabile. Era vestito soltanto di quella specie di braca, realizzata da un taglio di stoffa che gli girava intorno ai fianchi e fra le gambe, gli indiani sono bravissimi nell'utilizzo di un semplice panno. Del resto anche il sari è soltanto un grande rettangolo di seta che si acconcia sul corpo, ma uno stilista non realizzerebbe tanta eleganza. Il ragazzo sembrava piuttosto giovane, sedici anni o poco più, aveva i capelli lunghi, lucidi, neri, occhi immensi, scuro di pelle. Sembrava uscito dalle pagine di Salgari. Il paria si immobilizzò vedendole entrare. Lakshmin gli rivolse la parola in indi, lui si fece da parte per lasciarle passare. Per raggiungere la porta finestra che dava in giardino, avrebbero calpestato il pavimento bagnato e lui avrebbe dovuto ripassare lo straccio. E avrebbe anche potuto camminare avanti e indietro, come a volte facevano gli altri servitori per dispetto, forti della loro appartenenza a una casta sia pure minore rispetto ad altre più elevate. Il ragazzo, un "senza casta", un *intoccabile*, appunto, non avrebbe alzato lo sguardo da terra, né gli sarebbe sfuggito un gesto di disappunto. Sarebbe rimasto accovacciato, quasi aderente al pavimento, in atteggiamento di umile sottomissione. Mirna lo notava per la prima volta, era uno degli ultimi arrivati fra la servitù.

Lakshmin spiegò: – È Vasuki. Gli spettano le mansioni più umili e degradanti: è un paria. Si ritiene fortunato per essere al nostro servizio. Non lo maltrattiamo, è più facile che lo mortifichino gli altri servitori, ma nemmeno con troppa insistenza. Sanno che qui non è ammesso. E Vasuki è grato a mio padre che non ammette sia resa più pesante del necessario la sua presenza qui. Per altri senza casta come lui, l'esistenza è molto più difficile e dura. Il lavoro qui da noi gli permette di sfamare se stesso e la propria famiglia. Tu diresti che è fortunato, eppure dovresti anche pensare che qualsiasi essere umano, come te e come me, ha diritto a una vita dignitosa. Peccato che gli altri domestici non gli consentano di mangiare insieme a loro, che gli concedano soltanto una ciotola con il cibo, per terra in giardino, o nel sottoscala. So che gettano la spazzatura sul pavimento di cucina, invece che nel secchio e gliela fanno raccogliere. Vasuki obbedisce, camminando carponi, senza mai girare loro le spalle. Arriverà a un punto della sua esistenza che le gambe gli si anchiloseranno per la posizione troppo a lungo obbligata, non riuscirà più a camminare diritto... Pensa cosa accadrà agli altri "intoccabili", là fuori, se mai arriveranno ad invecchiare –.

Mirna adesso ricorda che, per strada, le donne dei paria raccolgono lo sterco delle vacche con le mani nude. Lo impastano con la paglia, ne fanno piastrelle che, seccate al sole, serviranno come combustibile per la cucina, o come pavimentazione nelle loro capanne. La pelle di quelle donne, trattata a polvere, smog e sole cocente è scura e spessa come cuoio, i loro capelli sembrano stoppa. Si direbbero tutte vecchie e nessuna supera i trent'anni.

Lakshmin, parlando in indi, chiese al ragazzo di aprire la porta che dava sul giardino, di sistemare le poltrone di vimini all'ombra sotto il porticato. Gli permise di sprimacciare i cuscini. Mirna sapeva che non sarebbe stato compito di un paria. Se il cameriere nepalese Gangaram lo avesse sorpreso in quell'occupazione ne sarebbe venuta fuori una bega enorme. Anche Lakshmin, con quella sua condiscendenza, rischiava la riprovazione o la perdita di considerazione, sia pure non manifesta, della restante servitù.
E Lakshmin, come per rispondere alla sua silenziosa riprovazione, le confidò: – Gli sto insegnando a leggere e scrivere in inglese. Già gli ho insegnato a farlo nella sua lingua, è un ragazzo molto intelligente –.
– Che... cosa stai facendo?! –.
– Sai, è un nipote di Lilith. Ce lo ha proposto quando è morto l'altro servo "paria"–.
– Tu però già lo conoscevi, immagino... Quando Lilith ti accompagnava nelle baracche, era per lui? Mi viene anche in mente che... potrebbe essere suo figlio. Ma tu di sicuro lo sai, se è suo figlio –.
– ... Io ho preso per buona la spiegazione di Lilith... Se fosse suo figlio... Ebbene, sarebbe ancora più giusto quello che faccio –.
Rimasero in silenzio, mostrandosi intente alla lettura, ma in realtà col pensiero altrove. Mirna avrebbe preferito non ricevere quella confidenza, non tanto per la paura di veni-

re coinvolta, quanto perché consapevole dei rischi che correva l'amica. Invece, sarebbero seguite altre confidenze. Per esempio che le lezioni si svolgevano nella stanza di Lilith, dove Lakshmin scivolava di nascosto, di notte.

– Che se ne farà, quel ragazzo, Lakshmin, della sua istruzione? Gliela faranno scontare. Non so se gli stai facendo del bene –.

– Se andrò in Inghilterra, al College, troverò il modo di farlo uscire dall'India. Almeno spero di trovare il modo... –.

– È pericoloso, Lakshmin, ho paura per te... Non ne sei innamorata, vero? –.

Le batteva il cuore all'impazzata nel formulare quella domanda.

– Innamorata? È una parola senza senso. Lo amo. Come amo anche il resto dell'umanità –.

– Voglio dire... è un incontro karmico, o... luminoso? –.

– Ecco, ora hai dato la definizione giusta. Quando Lilith mi ha proposto di condurmi da lui, la prima volta, prima ancora di conoscerlo, io ho provato un'emozione intensa, anzi una forte commozione, quasi da svenire. Qualunque cosa accada è già scritto che sia: è il mio karma –.

L'autista, quello di cui Lakshmin si fidava, era scomparso da una settimana. Due giorni dopo era sparito nel nulla anche Vasuki. Lakshmin era molto tesa, molto preoccupata, Mirna altrettanto, ma per ragioni diverse. Era stata fatta la denuncia per l'autista, ma non per Vasuki. Nessuno si preoccuperebbe per la sorte di un paria.

Quelle sparizioni erano un segnale allarmante.

Lilith era affranta e stava male, le era preso una sorta di collasso. Se non si fosse trovata protetta dall'affetto di Lakshmin e insieme dall'amore del padrone di casa per la figlia, sarebbe finita per strada senza spiegazioni.

A Lakshmin venne l'idea di rivolgersi a Bhagiratho, un eremita considerato santo che viveva sulle sponde del Gange in

Bithur. Chiese all'amica di seguirla in quell'avventura. Sarebbe andato con loro anche il fratello di Lakshmin, Rajesh. Il nuovo autista, che poi tanto nuovo non era, perché da tempo lavorava in una fabbrica del padre di Lakshmin, rifiutò categoricamente la presenza in auto di Lilith, gli erano probabilmente arrivati i sospetti sussurrati su di lei. Lilith, quindi, fu lasciata a casa, dopotutto era in un tale stato di prostrazione da non essere in grado di viaggiare. Andò invece con loro Gangaram, il cameriere. Si sarebbe occupato di portare cibo e acqua per il viaggio. A Mirna sembrò eccezionale e magnanimo il permesso di Mukesh Bhaskaran, accordato alla figlia Lakshmin.

Per se stessa, non c'erano stati problemi, la mamma aveva esitato, ma per suo padre, che conosceva e stimava Mukesh, nessuna perplessità.

– È un'ottima famiglia, di nobile casta... le loro regole morali sono ferree. Sono contento che Mirna sia amica di Lakshmin –. La donna aveva guardato il marito in modo strano, con un accenno di ironia nello sguardo... Per come la stima nasca da chi non merita stima. È singolare come certi particolari affiorino alla mente dopo anni.

Era un villaggio isolato lungo il Gange. In quello che potrebbe essere definito "porticciolo" venne loro incontro un santone, uno dei tanti che si incontrano in India per la gioia degli ingenui e dei turisti. Ma, nell'allegria del suo sguardo, c'era la fiduciosa convinzione di risultare credibile. Era magrissimo, i suoi capelli erano lunghi, incolti e cespugliosi, il suo passo saltellante. Aveva un minimo e sporco lembo di stoffa a coprirgli i genitali. Li segnò sulla fronte con una polvere rossa: per benedizione. Allungò l'altra mano in attesa di un'elemosina dall'immancabile generosità di Lakshmin. Mirna temette che fosse l'uomo che erano venuti ad incontrare.

Kumar, il "nuovo" autista lo apostrofò nella sua lingua incomprensibile, l'uomo indietreggiò spaventato. Mirna interrogò l'amica con un'occhiata, l'altra captò la domanda.

– Gli ha chiesto di accompagnarci da Bhagiratho... Sai, chi non ha la coscienza tranquilla, non ha il coraggio di avvicinarsi a Bhagiratho –.

Di coscienze tranquille ne esistono poche. Kumar spiegò che sarebbe rimasto accanto all'auto. Non si poteva lasciarla abbandonata alla mercé di qualche malintenzionato, ma soprattutto delle scimmie, numerose e invadenti, oltre che aggressive. In branco, erano capaci di danneggiare un'auto Ci accompagnò soltanto fino al pontile, dove erano attraccate alcune barche.

– D'altra parte – seguitava Lakshmin, parlando in inglese – Bhagiratho non si mostra a tutti, sa mimetizzarsi perfettamente con la vegetazione, qualcuno dubita che esista. Speriamo di essere fortunate, o che almeno si mostri a una di noi due... –.

C'erano persone che si bagnavano nell'acqua del Gange. Portavano, con le mani a coppa, l'acqua al viso. Si purificavano. Avevano la testa completamente rasata. Altri, sulla riva, stavano facendosi rasare in segno di lutto.

– Vuol dire che hanno appena finito di cremare un loro defunto – spiegò Rajesh e indicò, poco distante, una pira fumante. Si avvertiva nell'aria un odore acre di fumo e carne bruciata. Mirna ebbe un'ondata di nausea che si impose di controllare. In teoria, approvava la cremazione dei cadaveri, però sapeva che, in India, soltanto chi può acquistare sufficiente combustibile riesce realmente a incenerire i corpi. I poveri invece, buttano nel fiume i loro cadaveri, parzialmente bruciati, o integri. Saranno gli avvoltoi, o i cani randagi, a finire quei miseri resti. I parenti in lutto, quando si purificano, spesso bevono l'acqua sacra del fiume. Essendo sacra, non può nuocere, questo pensano gli indiani.

Rajesh e Gangaram avrebbero risalito il corso del Gange con le ragazze, ma si sarebbero fermati ad aspettarle ad una certa distanza. Preferivano evitare di avanzare verso il grande albero di mango, dove si diceva sostasse Bhagiratho, nei pressi delle macerie di un tempio.

La barca sembrava molto fragile. Era tappezzata all'interno con un'imbottitura che un tempo doveva essere stata di vari colori, ora era soltanto sporchissima, unta e di una tinta scura indefinibile. Mirna esitò prima di salire. Ma la prospettiva sarebbe stata di restare con Kumar e quell'uomo non le piaceva, aveva uno sguardo sfuggente che non le ispirava fiducia. Si decise e salì sulla barca insieme agli altri.

L'acqua del Gange era giallastra. Col movimento dei remi si alzava qualche spruzzo che colpiva le loro braccia nude, per Mirna un senso di raccapriccio. In alto, volteggiavano gli avvoltoi; in lontananza, una sagoma umana galleggiante dalla quale gli uccelli erano attratti. Il santone "turistico" era salito sulla barca con loro, più per il piacere di una traghettata fuori programma che per altro. Inoltre, prevedeva o almeno sperava che, dopo il viaggio, gli sarebbe arrivata qualche altra mancia. Aveva una gioiosa ingenuità nello sguardo che lo riabilitava agli occhi delle ragazze. La barca avanzò lungo il fiume per circa mezz'ora. Lungo la sponda sinistra osservarono scalinate di antichi palazzi, ormai in completa decadenza, che si affacciavano sulle acque sacre. Rajesh spiegò che, fino a non molti anni prima, quei ruderi erano stati la residenza di Maharaja. Vi si trasferivano con tutta la loro corte, alla fine della loro esistenza per pregare, meditare e purificarsi nel Gange. Erano convinti, in quel modo, di riscattarsi dagli errori del passato.

All'arrivo, il barcaiolo legò la barca a una radice d'albero che sporgeva dal terreno. Si accinse ad aspettarli seduto in barca in compagnia del santone. Rajesh e Gangaram accompagnarono le ragazze verso un boschetto, ma si fermarono al di fuori. Il cameriere si accovacciò per terra. Rajesh rimasto in piedi, disse: –Vi aspettiamo qui. Avvicinatevi al mango senza allontanarvi dalla nostra vista –.

Si presero per mano. Era entrato in loro un timore reverenziale, in Mirna anche scetticismo, ma non voleva deludere l'amica.

– Ho visto qualcuno muoversi dietro l'albero di mango – accennò Lakshmin.

– Anche a me è sembrato... – azzardò Mirna. Aveva notato un movimento, ma potevano anche essere state le piante mosse dal vento. Lo videro appena furono più vicine. Aveva il corpo ricoperto di fango e foglie, si confondeva con la vegetazione.

Bhagiratho sedette ai piedi del mango, incrociando le gambe nella figura del loto. Le sue gambe, magre e legnose, si mimetizzavano con le grosse radici della pianta; la testa e il busto, poggiati al tronco, avevano il colore della corteccia. Di sicuro, gli altri, a distanza, non potevano distinguerlo. Nel cespuglio dei capelli e della barba, gli scintillavano gli occhi. Con un semplice gesto e con lo sguardo indicò loro di sederglisi accanto, una alla destra e l'altra alla sinistra. Per assecondarlo, staccarono le loro mani unite fino a quel momento. Una sensazione di smarrimento nel distacco. Ma, subito dopo, l'uomo prese la mano dell'una e dell'altra e le unì di nuovo tenendole fra le sue. Dalle labbra gli uscì una sorta di nenia o melodia. Le sue mani erano ruvide, anzi scagliose, ma trasmettevano calore e commozione. Le ragazze chiusero gli occhi, tutto il resto fu al di fuori dall'unità che stavano formando, si sentirono in pace e al sicuro.

Mirna *vide* una catasta di legna accesa, un rogo funebre, a pochi metri di distanza da lei. Dentro di sé, dolore immenso e rabbia. Che cosa ci faceva là, insieme ai familiari di Lakshmin? E Lakshmin dove stava? Poi la sentì accanto, eterea e presente. Le sfiorò la mano per tranquillizzarla. Le sussurrò all'orecchio: – Non disperarti, non ti abbandono –.

Lakshmin *vide* dall'alto un grande rogo funebre, ne aveva visti altri prima d'allora, si sentiva in pace. Poi avvertì la disperazione e la rabbia di Mirna che non sapeva capire né accettare. Allora le fu accanto e le strinse la mano: – Non disperarti, non ti abbandono – ripeté.

Più tardi, in barca, il ritorno fu molto silenzioso. Gli altri non fecero domande, né le ragazze avrebbero voluto dare delle risposte. Anche fra loro due, silenzio. Nei giorni che seguirono, quasi si evitarono, solo parole essenziali. Gli sguardi, incontrandosi, si scambiavano pensieri, per poi distogliersi rapidi. Se accadeva, era per un tempo minimo, il sospiro di un attimo, col timore che i pensieri diventassero parole. Nessun cenno alla visione che ciascuna aveva avuto, con le mani nelle mani di Bhagiratho.

Ci sono giorni, in India, durante i quali i poveri dimenticano d'essere poveri e si riversano chiassosi per le strade e si illudono di essere felici. Ciò accade durante la *festa dei colori,* una festa di primavera che somiglia al carnevale occidentale. Invece che coriandoli, si lanciano vicendevolmente addosso secchiate di acqua colorata. Non risparmiano le auto che si presentano a tiro, malinconica rivalsa sui ricchi che possono permettersi di possedere un'auto. Può essere divertente, o può sembrare soltanto stupido, ma in realtà diventa un gioco violento quando alcuni, nei secchi di acqua colorata, aggiungono sassi. In quel caso, è difficile considerarlo un semplice gioco ed è bene non offrirsi imprudentemente come bersaglio.

Durante la *festa dei colori,* all'uscita della scuola, Mirna e Lakshmin videro che l'auto guidata da Kumar sostava piuttosto distante, rispetto al solito. Era stato impossibile avvicinarsi di più.

Le due ragazze si fecero strada, sospinte dalla folla festosa o esaltata. Kumar le aspettava in piedi, accanto allo sportello semiaperto dell'auto in sosta. Mirna e Lakshmin avevano abiti e capelli macchiati da diversi colori. Poi tutto fu improvviso e irreale. Ci fu un "oh..." appena soffocato dalle labbra di Lakshmin, preceduto da un suono secco come di un ramo d'albero che si spezza. Subito ci fu il vuoto intorno, tutte quelle persone vocianti si ritrassero. E fu silenzio. Lakshmin stava stesa per terra, sotto di lei si allargava la macchia di un intenso rosso vermiglio che non era di un colore sciolto nell'acqua.

Non potrò mai dimenticare, Lakshmin, né perdonare. Io urlavo, urlavo... Tu nella pozza di sangue. Il pugnale era entrato e uscito fra le costole all'altezza del cuore, nello spazio di un secondo. La mano omicida era stata rapida e sicura, il colpo preciso come il bisturi di un chirurgo. Né l'arma, né l'assassino furono mai trovati.

Le permisero di assistere alla cerimonia funebre. Mirna era stata la migliore amica di Lakshmin, anzi l'unica. Era giusto che le fosse vicina nell'ultimo commiato. Ancora ignorava che avrebbe cercato in seguito di trattenersela accanto, trasformando i propri pensieri in dialogo, dandosi risposte alle domande. Per molti anni. Nel tentativo di sentirla ancora viva, riusciva ad allontanare, dalla mente e dal cuore, quel suono secco che le era parso di un ramo spezzato, il colore del sangue, il crepitio del rogo.
Non sarebbe più tornata in India, s'era detta, la terra che uccide i propri figli se osano infrangere la legge delle caste.
 L'assassino di Lakshmin non era mai stato identificato, né si era saputo più niente di Vasuki o del primo autista e nemmeno di Lilith che era scomparsa il giorno stesso della morte di Lakshmin. La profezia di Bhagirato s'era avverata.

Vidi la tua anima, Lakshmin, librarsi al di sopra delle fiamme che bruciavano il tuo corpo, libera da ogni vincolo terreno. La mia avrebbe voluto essere con la tua... Nel sussurro del vento, illusione o suggestione di parole: "Non disperarti. Non ti abbandono".

Mirna sta seduta con gli occhi socchiusi, sul tappeto, nella posizione del loto. Tra le braccia ha la sitar, chitarra indiana, regalo di Lakshmin per il suo quindicesimo compleanno. La

sua amica le aveva insegnato a suonarla, regalandole l'armonia di una melodia antica.
– È una musica mistica – aveva detto Lakshmin – fa viaggiare il tuo spirito fuori dal corpo, fluttuare oltre lo spazio e
il tempo –.
Non si era mai separata dalla sitar, ma non l'aveva più suona-
ta dopo la morte di Lakshmin. Molte volte, durante i momenti di sconforto a Londra, le era venuta la tentazione, ma l'a-
veva vinta. Aveva il terrore di richiamare la visione del rogo e
risentire l'atroce odore di carne bruciata, ciò che restava del
corpo stupendo di Lakshmin.
 Sono bastate adesso poche note, qualche accenno, il tempo
di pizzicare qualche corda. Adesso tutto è nitido e preciso:
immagini e dolore.

*Non dimenticherò mai, nemmeno vorrò mai dimenticare,
ma non troverò il coraggio di tornare in India.*

C'è lo squillo del telefono come stridulo risveglio, ha dimenticato di staccare la presa come invece sarebbe stato corretto,
prima di isolarsi in meditazione... È costretta a rispondere.
C'è da attraversare soltanto una stanza, le sembra un percorso lunghissimo e faticoso. Ha le gambe molli, il cuore le
batte in modo disordinato, si sente in preda ad una profonda
commozione. Quasi in procinto di svenire.
Alza la cornetta, le trema la mano.
La voce della ragazza al telefono accentua la sua emozione
inspiegabile.

*Che cosa mi dicevi Lakshmin a proposito dell'incontro kar-
mico? L'emozione prima dell'impatto visivo... Questa volta
è arrivata addirittura prima dell'ascolto di una voce scono-
sciuta. È una voce femminile, Lakshmin, che senso ha la mia
emozione?*

– Sono Claudia Nantesi. Ho visto il suo annuncio esposto in una cartoleria del centro... Lei insegna inglese? –.

Tu Lakshmin diresti che questo incontro sia già stato contemplato nel nostro Karma. Certo, la sensazione per me è molto forte. "Quasi sul punto di svenire".

Mirna e Claudia

Il primo incontro, la prima lezione, sono una sorta di test, per motivi diversi. Mirna spera di poter ottenere una risposta all'emozione che la voce, al telefono, le ha provocato. Impossibile, invece, darsi una spiegazione. Claudia è giovane e bella, ma come protetta da uno scudo di diffidenza impenetrabile. Almeno apparentemente. Forse è soltanto una forma di difesa. Ci sono prima i convenevoli e un'introduzione alle lezioni successive, intanto le due si osservano e studiano a vicenda. Presto si tratterà soprattutto di conversazioni perché Mirna, in breve, si renderà conto che la ragazza ha basi sufficienti, acquisite nei cinque anni di Istituto Tecnico Commerciale. Le mancano solo un po' di spigliatezza e una pronuncia dignitosa. Basta un primo colloquio per capire quanto Claudia sia intelligente e pronta. Se appare, a prima vista, scostante, quasi superba, Mirna subito sospetta che nasconda dentro un malessere a chiunque voglia indagare. Analogie fra loro. Dopo poche lezioni, c'è il "tu" confidenziale, nonostante la differenza d'età. Si sa, la sintonia, o feeling, si manifesta senza passare dall'ufficio anagrafe.

Come accade per un innamoramento.

Presto Mirna le accenna ai lunghi anni trascorsi all'estero, ma sorvola sulla permanenza in India. Se Claudia, affascinata dall'idea che, attraverso alcune letture, si è fatta dell'India, le pone domande, Mirna cambia discorso e diventa evasiva, nonostante l'empatia per l'altra. L'argomento condurrebbe a Lakshmin che è come un gioiello prezioso da custodire, e, nello stesso tempo, una lama infuocata che affonda nel profondo del cuore. Quale la ragione frenante? Il timore di riaprire quella sua vecchia ferita, mai rimarginata, o di influenzare la ragazza e condurla in qualche misteriosa direzione inesplorata?

Entrambe percepiscono un segreto nell'altra. Così simili e così distanti, non soltanto per l'età. I loro dialoghi, contenuti nei discorsi generici e didattici, diventano quasi banali.

– Una ragazza della tua età come riempie i suoi spazi liberi? –.

– Della mia età... non sono un esempio tipico. Somiglio quasi a una... vecchia signora. Nei momenti liberi, sto più che altro in casa. Mi metto in pari con le faccende domestiche, guardo la televisione, leggo molto... Ho frequentato per alcuni anni un Centro Yoga e certe letture mi sono diventate familiari. Per esempio, adoro leggere Ramana Maharshi, ne avrai sentito parlare.

Mirna preferisce non precisarle che Ramana Maharshi, l'eremita, considerato santo, non aveva scritto libri. Anzi aveva scelto il silenzio, un sorta di voto, o meditazione perenne, mantenuto perfino quando qualcuno saliva all'eremo e gli poneva domande. Altri avevano scritto di lui, dopo averlo incontrato. Avevano ricostruito la sua storia dalle origini. La nascita, i genitori commercianti, le scelte quantomeno singolari e mistiche. Noi diremmo "vocazione".

Lakshmin mi parlava molto di Ramana Maharshi. Con molta considerazione e devozione.

Altre domande che non corrispondono ai reali pensieri del momento.

– Hai fratelli? –.

Già conosce la risposta, avendo conosciuto e parlato con Fiorella. Richieste, si giustifica, che diventano argomento di conversazione nella lingua inglese e un utile esercizio.

– Due sorelle e due fratelli. Vent'anni le gemelle e dodici i gemelli –.

– Due parti gemellari, straordinario! –.

– Tre parti gemellari: la mia gemella è morta alla nascita –.

Claudia ricorda d'essersi illusa, ad un certo punto della propria vita, che Giulia potesse subentrare, nel suo bisogno d'af-

fetto, alla gemella nata morta. Le è impossibile tradurre questo pensiero in parole, perfino con Mirna che le si dimostra amica. Del resto, mai con nessuno.
– Tu, Mirna, hai fratelli? –.
– Un fratello che è rimasto in India. Mia madre è morta, dieci anni fa. Mio padre, appena andato in pensione, sparito, non si sa dove, dicono si sia trasferito in America, o forse in Australia –.

Qualche volta si deve anche rispondere.

– E tu invece, dopo che hai lasciato l'India? –.
Mirna le racconta della sua permanenza a Londra: il College, la laurea, il matrimonio.
– E tuo marito? Come mai non è con te? –.
– Sono divorziata. Non è un problema, non mi dispiace aver divorziato. Semmai, dovrei dispiacermi del prima, di averlo sposato, credendo di amarlo –.
 Bisogna cambiare di nuovo discorso. È come se davanti a loro ci sia un sentiero faticoso da percorrere e si cerchino vie traverse, per evitarlo. Mirna è però costretta a informarla di aver conosciuto, casualmente, sua sorella Fiorella. Sorpresa e disagio sul viso di Claudia. Si deve rimediare.
– Fino a poco fa, non ero del tutto sicura che fosse tua sorella... L'ho realizzato quando hai parlato dei tre parti gemellari –.
Sente di dover essere molto cauta. Perfino con se stessa. Non vuole risalire all'emozione vissuta al semplice squillo del telefono. Nemmeno rammentare quella specie di paura, come se si fosse trovata ad un confine che non si vuole oltrepassare. Nello stesso tempo, quasi totalmente scettica e razionale, intenta a respingere certe suggestioni fantasiose.
– Neanche Fiorella mi ha detto... La verità è che vedo pochissimo Fiorella, rare anche le telefonate. Lo stesso vale per i gemelli. Da quando i miei genitori sono morti, quattro anni fa... la famiglia si è disgregata. La sua voce esce come ci fosse stata sabbia sulle corde vocali.

– Se preferisci, non parlarne... –.
– Si, preferisco... –.

Due mesi dopo, all'atto del pagamento delle lezioni, Mirna rifiuta il denaro. – Gli allievi sono aumentati. E noi due, a questo punto, siamo amiche o, almeno, lo vorrei –.
– Così mi metti in imbarazzo... –.
Dialogano, quasi sempre, in lingua inglese: Claudia si dimostra, ora, meno inibita. Il suo linguaggio è più scorrevole. Mirna le spiega che, ormai, "a ripetizione", vengono da lei molti allievi del liceo e, per esercizio di conversazione, alcuni universitari. Inoltre, si è accordata, con il Preside del Liceo Linguistico privato, per alcune lezioni serali agli allievi delle classi superiori. Non ha più così bisogno di denaro. Alla fine, l'allieva si convince a quel cambio di ruolo. Di quello in fondo ha bisogno, di un'amica di cui fidarsi, se non proprio ancora confidarsi. Non ha più avuto amiche, dopo Giulia. Adesso, spera che quell'amicizia, dichiarata da Mirna, introduca finalmente qualche informazione relativa ai suoi dieci anni in India. Ma le pare che Mirna, volutamente, svicoli al primo accenno. Per Claudia, dopotutto, l'inglese è stato solo un pretesto, proprio per ottenere notizie e particolari che non siano i soliti stereotipi sull'India. Non che sia delusa. Mirna le piace molto e la incuriosisce. In lei si percepisce un mistero. Eppure la sensazione prevalente, fin dal primo impatto, è di grande equilibrio. Potrebbe essere soltanto capacità di controllo delle emozioni. Un matrimonio fallito alle spalle può segnare e chissà quanto di altro si nasconde sotto l'apparente serenità della sua nuova amica. La cornice del fallimento coniugale è stata l'Inghilterra, ma è il ricordo dell'India che la rende vulnerabile. Del resto, come potrebbe, proprio lei, non comprendere che esistono episodi dolorosi che non si vogliono riesumare? Queste le riflessioni di Claudia. Intuisce il dolore "antico" di Mirna legato all'India, eppure, in un certo senso, lo sottovaluta. Ci sentiamo sempre unici quando soffriamo. La ragazza è convinta che nessun dolore pos-

sa eguagliare il suo. Niente, per ora, le fa supporre analogie fra loro. Più volte, ha cercato, durante le loro conversazioni, di condurre Mirna al tema prediletto. Tentativi spesso goffi, certo inutili.

– Com'è morta tua madre? –.

– Mia madre, era malata di cuore da tempo. Mio padre... Ma... Ad essere sincera, lo ricordo abbastanza assente. Aveva un'altra donna in India, già al tempo di mia madre. Un'amante, voglio dire. Non so niente di lei, né come potesse allora riuscire lui a frequentarla, per come certe regole siano rigorose, in India. L'ultima volta che ci siamo sentiti, lui aveva sessant'anni, già pensionato. Probabilmente se n'è andato con la sua donna indiana. Non ho notizie di lui. Del resto, gli sono grata per avermi permesso di studiare. Mio fratello invece non si è laureato e non è più tornato in Europa –.

L'India è la mia terra... Così mio fratello è solito dire.

– Con lui, però, sei in contatto –.

– Qualche telefonata. Alcune volte all'anno, ci sentiamo. E qualche rara lettera. Più impegnativa, una lettera –.

– Non vi vedete da vent'anni... sembra incredibile –.

– Aveva amici là, carissimi amici, fraterni, li ha ancora. È quasi più indiano degli indiani stessi –.

L'espressione del suo sguardo dimostra insofferenza. Meglio interrompere. Del resto, lei stessa, Claudia, pur vivendo nella medesima città, non vede quasi mai i fratelli.

Dopo un paio di mesi dal primo incontro, la proposta di Mirna.

– Stasera si è fatto un po' tardi, ti trattieni a cena? Ho già tutto in frigorifero, non mi crei difficoltà. Dopo, potremmo andare al cinema. C'è un film che vorrei vedere e non mi piace andare al cinema da sola, c'è sempre qualche imbecille che ti si siede accanto... –.

– Sono anni che non vado al cinema –.

– Un motivo di più per accettare –.

Claudia non è più entrata in un cinema dalla tragedia di quattro anni prima. Il suo tempo si è interrotto quando i carabinieri hanno suonato al portone del palazzo e lei è scesa per le scale. Ora ha come la sensazione che, soltanto da poco, sia ripreso il rinnovarsi dei giorni, proprio dall'inizio dell'amicizia con Mirna. Da quando si conoscono, avverte che l'angoscia le si è in parte sopita, c'è come un alone di aspettativa serena intorno. Quella donna le dà fiducia e le trasmette un senso di benessere. Di più: sempre meno frequentemente le accade di rivolgersi a Giulia col pensiero... È come se avesse meno necessità di dialogare con l'*amica-nemica-fantasma*. A volte, si domanda perché mai abbia scelto Giulia per quel contatto muto e costante, invece che i propri genitori. D'altra parte, se con i genitori è mancato il dialogo in vita, è impossibile impostarne uno dopo la morte. Questa la giustificazione che si dà. Con Giulia, è stato il proseguire di una consuetudine che nemmeno la tragicità degli eventi ha alterato. È difficile capire come le sia stato più facile perdonare Giulia, piuttosto che suo padre e sua madre. Colpe diverse. È possibile fare un confronto e quindi una graduatoria di colpevolezza? Non ha riflettuto su questo, prima d'ora. Adesso c'è in lei, prepotente, l'esigenza di capire.

– Va bene, ti ringrazio, resto a cena. A casa nessuno mi aspetta e non c'è bisogno di avvertire. E domani è sabato, non devo andare in banca –.

All'ingresso del cinema, c'è gente che attende di entrare all'ultimo spettacolo, ci sono molti giovani. Claudia, invece, avrebbe giurato che i ragazzi s'incontrino tutti in discoteca, la sera. O forse ci vanno più tardi dopo aver visto il film, non è molto informata del comportamento giovanile. Da poco, ha scoperto che anche suo padre negli ultimi tempi era diventato un frequentatore di discoteche. Gliel'ha detto casualmente Marco Romoli, il direttore della banca, che gli era stato compagno di "allegre" serate o di avventure. C'è sempre un po' di verità anche nelle bugie. Il babbo usciva la sera, all'insaputa dei figli che già dormivano. Lasciava la mamma a letto, troppo stanca per seguirlo nelle sue... scorribande giovanili. Del resto, la moglie era maternamente comprensiva verso quel marito rimasto ragazzo... dimenticando che era anche padre. Un padre così infantile e irresponsabile... Del resto, lei stessa, come madre, lo era, per ragioni diverse, irresponsabile. Fragile riferimento, entrambi, per i cinque figli. Probabilmente per Giulia, incontrare Fausto, nella veste di eterno ragazzo scapestrato, doveva essere stata una tentazione irresistibile. Chi più colpevole, se colpa c'era, dei due? Era stata sincera, Giulia, raccontandole che la sua storia d'amore era nata in discoteca. Più verità che bugie.

Controllato il biglietto, per fortuna, trovano un posto abbastanza centrale, non avrebbe mai immaginato tanto affollamento al cinema. Ma forse Pisa, città universitaria e colta, non ha peso nelle considerazioni statistiche. Claudia si sente abbastanza fuori luogo in quella sala gremita. I suoi ricordi risalgono a film visti insieme a Giulia o, guarda caso, insieme a suo padre. Una volta il Gorrieri l'aveva incontrata al cinema con il babbo. Che stupido. Aveva evitato di salutarla e, la mattina dopo, a scuola, commenti ancora più stupidi di lui, convinto che lei uscisse con un "ragazzo più grande", addirittura la sera dopo cena. Per questo, disse il Gorrieri, lei snobbava i coetanei. Poi era stata Giulia a spiegare, ridendo, che il padre di Claudia era molto giovane e che sembrava ancora più giovane. "Ci uscirei anch'io, se me lo chiedesse". Era sembrata una semplice battuta di spirito. E invece era stato già un segnale che la compagna non aveva colto.

Adesso il Gorrieri sta con Fiorella.

È un fatto che la diverte e, insieme, le crea fastidio. Come richiamare personaggi del passato e introdurli nella realtà attuale così diversa.

Le immagini scorrono sullo schermo, ma la ragazza è distratta. Il regista è famoso, gli attori, molto bravi. L'amore dei protagonisti difficile e tormentato. Però è anche la storia di un adulterio e i due, verso la fine, vengono presentati a letto, pelle contro pelle, gemiti e sospiri, particolari intimi in evidenza sullo schermo. Il babbo con la mamma, il babbo con Giulia... Afferra la mano di Mirna, l'altra constata quanto la mano di Claudia sia fredda e sudata.

– Mi sento male – le sussurra la ragazza – devo uscire, scusami –.

Si alza, disturbando i vicini, si precipita fuori della sala e poi per strada, oltre la vetrata d'ingresso. Poco dopo, la raggiunge Mirna. Vede il pallore terreo di Claudia, non fa domande. Salgono in macchina. Mirna si chiede se non sia il caso di cercare un medico. O andare al Pronto Soccorso. No, meglio tornare a casa. Forse è una crisi di claustrofobia, oppure ha digerito male la cena vegetale. L'ambiente chiuso e affollato, il fumo, Claudia non è più abituata... Non è da lei, ma Mirna finge di non capire che il male di Claudia è ben altro, è dentro, inespresso. Da tempo sa che bisogna aiutarla a tirarlo fuori. Vuole trovare uno spiraglio per entrare nel *male* di Claudia. Esaminarlo e neutralizzarlo. Ma si può forzarla? In auto non si parlano, ogni tanto un'occhiata di Mirna, apprensiva. Parcheggiata davanti la casa di Mirna c'è l'auto di Claudia, ma non è davvero il caso di fare il cambio d'auto e lasciare andare via la ragazza in quelle condizioni.

– Ti fermi a dormire? Non mi sento di lasciarti andare a casa tua, se non ti sei ripresa. Là... sei sola –.

La ragazza l'asseconda, sembra con sollievo. Entrano.

– Mettiti comoda in poltrona, ti porto qualcosa di caldo –.

Le prepara una tisana di erbe tranquillanti. La "sua farmacia", che rifiuta la medicina tradizionale, è abbastanza fornita, fra i suoi tanti inutili corsi, ce n'è stato anche uno di erboristeria. Lo racconta a Claudia per strapparle un sorriso. Claudia, nel frattempo, ha ripreso un colore decente:

– Hai anche una laurea in psicologia... –.

– Ah, sì, certo... Ma non ho mai esercitato e non sono mai stata in analisi. Non posso considerarmi una vera psicologa. Pensa che ho fatto la commessa a Londra per ben diciotto anni. Sono una persona senza grandi aspirazioni e mi lascio abbastanza trascinare dalla corrente –.

In questo, riflette, si considera piuttosto indiana...

– A Londra, poco prima del divorzio, ho consultato, una sola volta, uno psicologo. O, per meglio dire, un sessuologo... E la sua diagnosi mi ha influenzata al punto da farmi finire a letto con uno sconosciuto –.

Una confidenza inappropriata in quel momento, chissà perché e come le è uscita. Mirna ne è contrariata.

Com'è che adesso mi viene da dare un giudizio tanto negativo dell'incontro con Lorenzo?

Riceve un'occhiata sbalordita di Claudia. Se la vista di un amplesso cinematografico l'ha sconvolta al punto da sentirsi male, come potrebbe adesso accettare con disinvoltura la confidenza di Mirna? Invece la ragazza, nonostante la sorpresa, si allaccia a quella rivelazione.

– Però qualcosa forse puoi capirne, di psicologia... Vedi, al contrario di te, non ho mai avuto un ragazzo, mai una carezza, mai un bacio... Anzi, di recente, ci ho provato con un ex compagno di scuola. Mi piaceva tanto al tempo delle superiori, e anche adesso, insomma... mi sono solo coperta di ridicolo –.

– Guarda che non è obbligatorio fare del sesso, non è una medicina o una vaccinazione da farsi all'età giusta, che poi non si sa quale sia –.

Il suo tono è categorico. O forse semplicemente spicciativo. Anche per lei diventa un argomento imbarazzante.

– Tu parli bene, perché sei stata sposata... –.

– Sì. È vero. Ma potrei dire, come ti ho accennato prima, di avere avuto la mia prima vera esperienza sessuale, soltanto dopo diciotto anni di matrimonio. Con un uomo che non era mio marito, incontrato in un grande magazzino. Una sorta di cura o di vaccinazione, appunto. Ma no, sono ingiusta, in quel breve spazio di tempo, credo di aver amato quell'uomo intensamente –.

Ora capisce di essere riuscita a catturare l'interesse di Claudia.

– Si può amare qualcuno "intensamente", durante un solo incontro occasionale? –.

– Non so se sia il termine giusto... Ci sono amori di tutta una vita, forse esistono, altri brevissimi, ma non per questo meno importanti. A volte ti rimangono dentro per sempre. Non credo che l'amore si quantifichi col calendario alla mano, o l'orologio... Per quanto... Forse il *non-amore* di George l'ho misurato a ritmo di cronometro. Sul calendario, è durato diciotto anni, duecentosedici mesi, li ho contati... Non saprei dirti i giorni e le ore, quelli, sarebbero troppi da contare. La verità è che George mi ha resa infelice, eppure, in qualche modo, sembra strano, mi manca. Potrei rammaricarmi di averlo perduto, col tempo –.

Ha capito, Mirna, che per indurre l'altra ad aprirsi, è bene accordarle fiducia, prima di pretenderla. E, infatti, Claudia l'ascolta. Uscire da se stessi aiuta ad entrare negli altri.

– Ne parli... abbastanza distaccata – commenta la ragazza.

– Ho molti più anni di te, mi difendo meglio. E, poi, il fallimento di un matrimonio non è una fatto così trascendentale –.

– Mia nonna diceva che "a tutto c'è rimedio fuorché alla morte" –.

Frase banalissima e anche sciocca. Anche irrispettosa verso "quella" che considera una viandante che troppo le ha sostato accanto e troppo ha preteso.

– Se consideri la morte come definitiva, oppure, se per te la persona è soltanto un'entità fisica, allora non c'è rimedio... –.

– Tu sei cattolica, Mirna? Credi nell'anima, nella vita oltre la morte? –.

– Sono "cristiana". Per me "cattolica" è un'identificazione diversa. E credo nel dogma cristiano che ritrovo anche in altre filosofie, della vita oltre la morte, della rinascita –.

– Io invece sono atea, non battezzata, nemmeno i miei fratelli sono stati battezzati. Mio padre diceva che sono decisioni da prendersi nell'età adulta. Lui era comunista, figlio di comunisti, gli avevano insegnato a non credere in Dio –.

– Dichiararsi atei è impegnativo. È come professare una fede, un non-credo. La fede consola. Forse sa consolare anche la fede del rifiuto? Ciò che l'uomo, in ogni caso cerca, è la consolazione al dolore. Una sorta di anestetico? Penso che l'ateismo non consoli, perché non dà un senso alla morte e di conseguenza nemmeno alla vita. La fede dà un senso. Un significato all'essere e al divenire, insegna l'accettazione che non è rassegnazione –.

– Non so se ti capisco. Il mio ateismo è genetico. Me lo sono ritrovato. Non so se mi abbia meno aiutata nel dolore di quanto lo sarei stata se fossi stata credente. Non ho termine di paragone. Tu hai vissuto l'esperienza della perdita di persone care?

Era il tema principale dei miei discorsi con Lakshmin, nel giardino della scuola delle suore a New Delhi.

Mirna ricorda. A volte il passato è così prepotente da sovrastare il presente.

– Mia madre e i miei nonni sono morti –.

– Intendevo... non di morte naturale. Ma di una morte imprevista, violenta, completamente inaspettata –.

No, non le parlerò di Lakshmin. Difenderò a oltranza il ricordo del rumore secco di quel ramo che si spezza.

– La morte ha sempre una sua logica, che magari ci è ignota o vogliamo ignorare, ma la ragione, o disegno, pure se nascosti, ci sono. Tuttavia è anche vero che una morte violenta e inaspettata fa soffrire di più. La sentiamo più ingiusta perché ci coglie impreparati. Ci dimostra quanto siamo impotenti a proteggere chi amiamo –.

– La morte tragica di un bambino, di un innocente, come la giustifichi, tu che hai fede? –.

– Vedi... nella morte di un innocente io riconosco il Figlio di Dio che s'immola sulla Croce –.

Non era del tutto una sua riflessione, ma scaturiva dal ricordo delle conversazioni con Lakshmin. Era come se l'amica perduta fosse dentro di lei a suggerirle. C'era stata, nelle sue parole, quell'enfasi, quel senso di inevitabilità, del *già scritto* che non si può modificare.

– Forse perché non hai avuto bambini... E, in ogni caso, il figlio di Dio, secondo la religione cristiana, ha "scelto" di morire sulla croce, per uno scopo nobile, una sua scelta ben definita. Non è stata un'imposizione o una casualità imprevista –.

– Qualcosa conosci, mi pare, della religione cristiana –.

– Leggo molto. Mi interessano tutte le religioni, o filosofie. Tanto per informazione –.

Vuol dire che sta cercando e non se ne rende conto.

Impossibile non ricordare altri dialoghi, nel passato, così simili. Solo che, allora, era più lei, Mirna a chiedere e Lakshmin che rispondeva.

– In India, ho studiato in una scuola cattolica gestita da suore. Può sorprenderti, ma erano adorabili. Accettavano allieve di ogni religione ed evitavano di influenzarle. Avevo una compagna indiana che dichiarava di sentirsi prevalentemente induista, ma anche buddista, maomettana, cristiana... Nella biblioteca di casa sua c'erano testi sacri di tutte le religioni. Lei *si nutriva* di libri, la sua fame di sapere era inesauribile. Per lei cultura era sinonimo di libertà... –.

Le parole, a volte sono più rapide dei pensieri e più imprudenti.

Io l'ammiravo e l'amavo incondizionatamente, più di qualsiasi altra persona al mondo... Sì, io l'amavo.

Ha fermato in tempo l'ultimo pensiero, per fortuna. La censura, sia pure con ritardo, è intervenuta. E, adesso, se verranno domande, che cosa racconterà?
– Anch'io avevo una compagna speciale, un'amica che amavo, ma mi ha tradita –.
Si ferma. Anche Claudia, è stata tentata di andare oltre.
Mirna interviene, vuole allontanarsi da quel tema che, però, inevitabilmente, sembra calamitarla.
– Ti cedo il mio letto. Io posso dormire nella "stanza indiana" –.
L'altra s'illumina: – Mostrami la stanza indiana –.
La voce è cantilenante, quasi un'implorazione di bambina.
– Anche tu ne hai una, ha detto Fiorella –.
Difficile uscirne.
– Quante cose mie ti ha detto Fiorella... Eppure, dalla morte della mamma, è venuta a casa così poche volte. Solo per cercare qualche oggetto personale dimenticato. Lo stesso, Sandra, la sua gemella. Sì, ho una stanza, dove mi chiudo a meditare, o riflettere, nei momenti più difficili. Però è più una specie di surrogato, impulso d'emulazione, nato dopo che ho frequentato il Centro Yoga. Un giorno forse ti racconterò di quel mio maestro del corso superiore, tipico esempio di... predicare bene e razzolare male.
E, subito dopo: – Resto, se mi fai dormire nella stanza indiana –. Un ricatto del tutto infantile. E Mirna cede.

La stanza ha pareti libere da qualsiasi ornamento. Sono tinteggiate di color azzurro pastello tenue. Richiamano l'immagine di un cielo sereno. Il pavimento è tutto ricoperto da tappeti dai disegni vividi orientali. Sopra, cuscini. Predomina il blu, con variazioni in giallo, pochissimo rosso. Adagiata su un cuscino, in un angolo della stanza, c'è la *sitar*. Spiega a

Claudia che è un tipico strumento musicale indiano, una sorta di mandolino o forse chitarra. Per entrare nella stanza, bisogna togliersi le scarpe, in segno di rispetto, oltre che norma igienica. E poi sarebbero superflue sopra i tappeti. Claudia ha nello sguardo uno stupore incantato.

– Questa stanza è bellissima – esclama – sarà fantastico dormire qui –.

Poi lo sguardo si rivolge alla sitar.

– Sai suonarla? – chiede.

– Sì, ma non lo faccio da molti anni –.

Lakshmin le aveva insegnato a estrarre suoni da quelle corde. Musica antica, capace di raggiungere le più recondite cellule della mente.

– La suonerai per me? –.

Sembra una bambina che, inconsapevole, si fa forte della propria innocenza.

– La suonerò per te, se tu prima mi avrai parlato della tua amica così speciale –.

È un ricatto, anche se inconsapevole. Come quello di una madre che promette un premio al proprio bambino, se sarà bravo, se farà i compiti per casa della scuola. Prende fra le braccia la sitar e siede su uno dei cuscini, le gambe nella posizione del loto. Claudia la imita, sedendole accanto. Proprio come una bambina obbediente. Ma sintetizza la risposta per affrettare i tempi e ottenere il premio il più presto possibile.

– Giulia è morta in un incidente d'auto, con mio padre. Erano amanti. L'ho scoperto dopo che erano morti... Io amavo mio padre, era il mio idolo... Invece era debole e immaturo, non riesco a compatirlo... Pochi giorni dopo, mia madre si è suicidata... Non so perdonarla... Che attenuante può avere il suicidio di una donna, madre di cinque figli? Loro, pochi giorni prima, avevano perso il padre, così come lei aveva perso il marito –.

Il dolore misto a rancore nella voce della ragazza è palpabile, una specie di guaina bagnata e gelida che s'incolla al corpo.

– Quando riuscirai a perdonare, il dolore si attenuerà. È il rancore che lo rende così insopportabile. Non è giusto condannare in modo così drastico e inesorabile, non spetta a te, semmai. Tua madre era come un animale ferito a morte e si è data il colpo di grazia. Viva, non sarebbe stata in grado di aiutare i figli, o di crescerli. Era già morta dentro e il suo corpo era svuotato da ogni sentimento –.

Sembra sia Lakshmin a suggerirle le parole, quelle che lei stessa avrebbe usate.

– È il karma, Claudia –.

Non aspetta alcun commento della ragazza. Semplicemente, comincia a pizzicare le corde, a trarne dei suoni, che siano consolatori e rassicuranti. Le parole di Claudia, adesso, sono come la corrente di un fiume che corre... scorre. Mirna, come il mare, le accoglie. Vorrebbe essere anche lei, trascinata dolcemente dalla corrente, a raccontare della "festa dei colori" all'uscita della scuola. Mirna con Lakshmin. Inseparabili. Una giornata di festa, colorata e radiosa. Apparentemente. Fino al colpo secco del ramo spezzato e la chiazza di sangue che si spande sotto il corpo di Lakshmin. No, non si lascerà trascinare dalla corrente dei pensieri. Si limiterà ad ascoltare parole. Le tante di quella interminabile notte di parole. Non ne perde una, ma seguita a suonare e, solo a tratti, s'interrompe, per una carezza al viso di Claudia, povera bambina, privata dei suoi sogni. Rimasta là, seduta sullo scalino, mentre i carabinieri salgono a parlare con sua madre.

Dov'è adesso, Lakshmin? Aveva promesso di restarmi sempre accanto.

Ci sono lacrime fra le dita che accarezzano il viso di Claudia. Gratitudine e sollievo. La mano di Mirna le sfiora anche i capelli. La ragazza si sente tornata all'infanzia e Mirna è sua madre. Ha mai avuto una madre prima di quel momento?

Le carezze sanno essere così delicate... come la musica della sitar.

Claudia si è addormentata, distesa sul folto tappeto indiano, fra i cuscini. Un ultimo gesto di Mirna, per raccoglierle i capelli sparsi, prima di uscire dalla stanza.

Lakshmin aveva bellissimi capelli, neri e folti. Li teneva raccolti in una grossa treccia, lucida e compatta.

La notte sarà un soffio per Mirna. Occhi aperti e pensieri. Dubbi che non vorrebbe. La tentazione di controllare date, di contare gli anni dalla morte di Lakshmin. Adesso si rende conto che il dialogo silenzioso con Lakshmin si è interrotto, dopo aver conosciuto Claudia. Ma forse non si è interrotto: è soltanto cambiato. Pazze considerazioni, fantasie. Claudia è così diversa da Lakshmin, sia fisicamente che psicologicamente. Inesperta e fragile, nello stesso tempo così dura nei suoi giudizi di condanna. Così provata dal dolore, così chiusa e concentrata su se stessa. È stato facile tacerle il proprio segreto ma, nello stesso tempo, altrettanto facile accogliere il suo. Lakshmin era radiosa e protesa verso tutti... Desiderosa di capire. Lakshmin riteneva che la sofferenza fosse indispensabile al percorso di ogni vita. Senza dolore non c'è riscatto, non si procede.

Quale percorso previsto per Lakshmin? Solo il Buddha può scegliere. Se Lakshmin fosse stata il Buddha, avrebbe scelto di affrettare i tempi del ritorno? L'ordine delle caste in India ha millenni di immobilismo. Non sarebbe riuscita, Lakshmin, a modificarlo. Non ci riuscì il Mahatma Gandhi, chi meglio di lui, la "Grande Anima". Così lo chiamò il poeta Tagore. La legge del karma vale per tutti. Dal primo all'ultimo. E Lakshmin ci credeva. Sarebbe stato un controsenso voler modificarne il senso.

Il profumo del pane fresco sale ed entra dalla finestra aperta a ricordarle il presente: sotto casa c'è il negozio di un fornaio. Decide di scendere. Claudia troverà al risveglio una colazione fragrante. Al ritorno, la ragazza sta ancora dormendo. Sono le undici passate, quando decide di svegliarla.

– È una bellissima giornata di sole, possiamo andarcene in campagna o a fare le turiste. Sai che non ho ancora visto niente della Toscana? Soltanto su riviste o libri di geografia. Non trovi che sia una vergogna? Potremmo andare a Firenze... –.

– A Firenze c'è la madre di Giulia. Potrei finalmente decidermi a incontrarla... Dovrei prima telefonarle. Mi accompagneresti da lei? –.

Si è come "risvegliata" e si sente "nuova". Non pone domande, forse nemmeno ricorda l'accenno a Lakshmin, sfuggito a Mirna la sera prima. – Mi sembra un ottimo proposito. Prima, però, facciamo colazione. Mentre tu dormivi, sono scesa a comprare dei cornetti appena sfornati. Ho un certo appetito e tu?

Una telefonata prima di partire e la madre di Giulia ha subito accettato di vederla.

– Però io t'aspetterò fuori, in macchina –.

Mirna ha inteso puntualizzare e, su questo punto, Claudia è stata subito d'accordo.

– Prenditi tutto il tempo che vuoi. Mi porto un libro da leggere e posso aspettarti senza problemi, per ore –.

Adesso, dopo quasi due ore di attesa, è ancora intenta alla lettura. Fisicamente intorpidita, per il prolungarsi della posizione obbligata. L'intrusione di una voce al finestrino aperto la fa sussultare.

– Ne ha ancora per molto? –.

Il tono è contrariato, anzi arrogante. Alza lo sguardo, sorpresa.

– Si è accorta che sta sostando davanti ad un passo carrabile? Dovrei entrare con la macchina –.

– Ah, mi scusi... Sto aspettando un'amica che è appunto dentro. Mi sposto per farla entrare e, se non la disturbo, dopo, mi rimetto nella stessa posizione –.

Fatta la manovra, aperto e richiuso il cancello, l'uomo torna verso di lei. – Sono il fratello di Laura Costanti. Chi è la sua amica? –.

Il tono è più accomodante. Quindi è lo zio di Giulia. La vede incerta.

– Sono Alessandro Costanti –.

– La mia amica è Claudia Nantesi. Era compagna di scuola di sua nipote. Io sono Mirna Bandiani –.

Lui ha appena una cenno di turbamento sul viso. Un viso molto interessante. Somiglia all'attore Peter O'Toole e vagamente, purtroppo, anche a George.

– Senta... – propone l'uomo – andiamo a prenderci un caffè al bar di fronte. Da lì può vedere quando la sua amica esce –.

Lo ringrazia e rifiuta. Non vuole assolutamente trovarsi fuori dell'auto, al ritorno di Claudia. Preferisce essere pronta a ripartire appena la ragazza si presenterà. È convinta che non vorrà trattenersi un attimo di più.

– Peccato. Spero capiti qualche altra occasione –.

Può darsi sia deluso? Ma no. La sua è stata solo una cortesia formale per scusarsi dell'arroganza precedente.

Neanche il tempo di altre parole perché Claudia, infatti, sta uscendo dal cancello. Ha il volto arrossato. Appena un'occhiata all'uomo accanto alla macchina dell'amica. Lui la saluta e lei quasi lo ignora. Appena un cenno con la testa. Apre lo sportello e si affretta: – Andiamo –.

Mirna esegue in silenzio, non farà domande, sa aspettare. Inutile suggerire una variante, andare verso Fiesole o fermarsi a Firenze per una visita al Palazzo Pitti e al Giardino di Boboli, come hanno accennato alla partenza. Claudia conferma: –Torniamo a casa, mi sento stanchissima –.

Allora via, verso l'autostrada, subito dirette a Pisa. Un'occhiata al viso di Claudia, offuscato da ombre. È la ragazza a prendere l'iniziativa.

– Mi ha fatto leggere il diario di Giulia. Come la... riesumazione di una salma. Ancora non capisco perché abbia tanto insistito in questi anni. Michele già mi aveva accennato, anche a lui lo ha fatto leggere. Forse intendeva liberarmi dal dubbio di una mia qualche responsabilità: sono stata accusata di averli fatti conoscere, quei due. Infatti, è vero, ma cosa cambia il diario? –.

Non si aspetta un commento di Mirna, anzi proprio non lo vuole. È come se stesse ragionando con se stessa.

– Secondo me, povera donna, non è del tutto a posto con la testa. Forse nemmeno io ho la testa a posto. Non hai idea di quanto lei sia cambiata. Anche fisicamente. Una volta mia madre non reggeva il confronto. Lei sembrava una ragazzina, mia madre, un paio d'anni di meno, sembrava già vecchia. Dal diario, si potrebbe giurare che Giulia mi volesse bene. Lo si deduce da come scriveva di me, era dispiaciuta di mentirmi. Ma era attratta morbosamente da mio padre, fin dalla prima Liceo. Per questo mi chiedeva di raccontare, mi faceva ripetere ogni particolare. Però davvero non capisco l'insistenza di sua madre a voler che leggessi. Per dimostrare che cosa, che la figlia è responsabile di tutto? Che cosa ne ricava, lei, la madre? Semmai dovrebbe desiderare il contrario, stabilire l'innocenza della figlia. Un uomo di trentotto anni, con moglie e cinque figli, farebbe ridere chiunque il considerarlo un povero ingenuo, caduto nella rete di una diciottenne –.

"Qualcosa dovrò pur dirle" pensa Mirna e cerca mentalmente le parole. – Lei ha perso una figlia, la disgrazia peggiore per una madre. Vero che Giulia era anche la tua migliore amica. Un perdita importante, non so se quanto la sua. Hai avuto di peggio. Hai perso anche un padre e una madre che, senza l'infatuazione di Giulia, ci sarebbero ancora. Forse, per questo motivo, lei ha inteso aiutarti, nel solo modo che ha ritenuto possibile. Non si può biasimarla. Anche se indirettamente, pure lei si sente in colpa, per non aver capito o previsto. Per non essere intervenuta in tempo. Lo ha fatto non soltanto per te, ma anche per se stessa –.

– Guarda che Giulia non era una stupida. Nemmeno una perfida strega. Se c'è una responsabilità, è di tutti, io compresa. Mio padre che faceva il ragazzino andando in discoteca, mia madre che gli moriva dietro e gli permetteva qualsiasi stupidaggine, io ingenuamente cieca, con la fobia del sesso che ancora mi è rimasta. E la mia gelosia. Gelosa di Giulia, gelosa di mio padre. I nostri compagni al Liceo, malignavano su noi due, sempre appiccicate. Un fondo di verità, forse, c'era nella loro maldicenza: io amavo Giulia, come una sorella, più di una sorella. Non provo e non ho provato per lei lo stesso rancore che invece ho avuto verso i miei genitori. Ci sarà una ragione nascosta? Cerca di capirmi Mirna, lei era... innocente. Aveva la mia età ed eravamo amiche. Mio padre è stato il suo primo uomo, non lo ha frenato il pensiero di una figlia di quella stessa età... Anche se Giulia, lo ha provocato in mille modi, non gli trovo attenuanti –.

Inaspettatamente, ha un accenno di sorriso e si rasserena, un po' come l'arcobaleno, dopo i temporali passeggeri dell'estate.

– Chi era quell'uomo che ti stava parlando davanti la casa della Costanti? Non ti si può lasciare sola, eh? –.

– Alessandro Costanti. Mi aveva chiesto di spostare l'auto, perché sostavo davanti al passo carrabile. Tutto qui –.

– Ah. M'è parso antipatico –.

E subito dopo: – Sai che adesso mi dispiace di non essere andata, per lo meno, a visitare il Giardino di Boboli? –.

– Ci andremo – promette Mirna. Ma l'altra di nuovo s'incupisce.

– Sai, la Costanti aveva segnato alcune pagine del diario con segnalibri colorati. Quelle che, secondo lei, potevano riguardarmi. Inopportuni, anzi indelicati, quei colori –.

E poi, tutto d'un fiato: – Mio padre aveva deciso di lasciare Giulia. Proprio alla vigilia degli esami. Bel gesto, complimenti! Accidenti, avrei preferito non saperlo. Giulia non voleva chiudere la relazione. Era pazza di lui. Come può una madre... dico la madre di Giulia, mettere in piazza quelle pagine così intime... Tu dici che lo ha fatto per generosità verso di me, ma anche per se stessa... Mia madre non è stata altrettanto generosa, vogliamo dirlo? Un suicidio pesa più della concessione di farmi leggere quel diario? –.

– Ci sono persone forti e persone deboli. E tua madre era fragile. Vorresti criminalizzarla per questo? –.

Niente avviene per niente, perfino un suicidio, pensa Mirna. Così come quel susseguirsi di temporali e di sereno nella mente di Claudia. Lampi e tuoni del rancore che si sta dileguando. Leggere il diario di Giulia le è servito, Mirna ne è davvero convinta. Per il momento la ragazza deve solo metabolizzare.

Claudia

Le gemelle l'hanno cercata, dopo mesi. Si sono presentate insieme, in banca. Graziosissime e divertenti agli occhi di chi le guarda, così uguali. Problematica quella somiglianza così marcata, per un fidanzato o un marito. Pensare Fiorella insieme al Gorrieri le fa sempre quello strano effetto tra il comico e l'inopportuno. Il Gorrieri, per Claudia, resterà sempre, nel ricordo, un ragazzone dall'aria sorniona e un po' presuntuosa, come lo era stato a scuola, quando le faceva il filo, convinto che lei avrebbe ceduto. Le sorelle si autoinvitano a cena, perché hanno bisogno di parlarle. È sorpresa, deve essere qualcosa d'importante. Questa previsione le crea una certa ansia, ma, stranamente, si preoccupa più per la scelta dei piatti da predisporre e per la cucina che non è il suo forte. Il frigorifero è talmente sguarnito... Avrebbe un impegno con Mirna e dovrà disdirlo. Mirna capirà, lei capisce sempre. Di sicuro, sarà contenta di questo riavvicinamento, se così si può chiamare. Opta per una cena semplice, essere una pessima cuoca non è certo un impedimento irrisolvibile. Come Dio vuole, si ritrovano tutte e tre a tavola. Le gemelle, in un primo momento, sono sembrate un po' a disagio. Indossano jeans e camicette di colore diverso ma sono ugualmente così somiglianti, tanto da poterle scambiare. Ma Claudia pensa di saper riconoscerle soltanto per l'espressione dello sguardo. Sandra è più dolce, più mite. Fiorella sembra sempre pronta all'attacco. E invece sarà proprio Sandra a smentirla, sarà proprio lei ad affrontare l'argomento. Il tema principale della serata si rivelerà presto estraneo alla cena. Le gemelle vogliono tornare ad abitare in quella che è stata, ed è ancora, la loro casa, così come lo era stata di tutta la famiglia fino a quattro anni prima. Eppure, da allora, soltanto *la casa di Claudia*. Vi è vissuta da sola. Ogni parete, piastrella, quadro, soprammobile è stato testimone della sua angosciosa solitudine, con il pericolo di una depressione che le tesseva agguati e la scherniva.

– Certo, è giusto. La casa è anche vostra, come lo è di Francesco e Maurizio. Ma non credo che i gemelli vogliano per il momento tornare. Anche perché con gli zii si sono trovati molto bene. Come figli veri. Potreste occupare la loro camera –.

– Abbiamo ancora la nostra stanza, no? –.

Quella era stata adibita da Claudia, a stanza della meditazione. Niente di grave, l'avrebbe trasferita in quella dei gemelli. Ma Sandra e Fiorella non sembrano d'accordo; non sono più ragazzine e vogliono una stanza per ciascuna. Fiorella è fidanzata e anche Sandra, prima o poi... Pazienza. Per meditare, basta un tappeto per terra, un cuscino e una mente predisposta. A limite, perfino il semplice pavimento, o una sedia... Se e quando avverrà, si ritirerà in camera sua. C'è amarezza nei suoi pensieri. Le ragazze parlano degli zii, troppo antiquati, dicono, possessivi.

– Non ci danno tregua. Siamo più che maggiorenni e ci controllano come se fossimo all'asilo. Insomma, rompono. S'infastidiscono se usciamo la sera, non possiamo ricevere in camera qualcuno. Tu capisci, vero? –.

No, lei proprio non è la persona più indicata per capire. Sono le sue sorelle, allora perché la disturba così tanto il sospetto che invadano la sua vita privata, togliendole la libertà? –.

– Tu stai con Fabrizio? –. Chiede a Fiorella.

– Chi te lo ha detto? –.

– Me lo ha detto Michele, l'ho incontrato di recente –.

– Certo, ammette Fiorella, stanno sempre insieme quei due, si raccontano tutto. E Michele è un gran pettegolo, ti ha anche detto che gli piace Sandra? –.

– Non me lo ha detto –.

Speriamo che Michele non abbia raccontato di quella certa nostra serata miserevole.

Ma no, dubita che Michele possa averlo fatto. E trova anche poco plausibile che possa mettersi con Sandra, troppo legata alla tragedia di quattro anni prima. Forse, al contrario, a Sandra piace Michele. D'un tratto, è spaventata all'idea di averli tutti per casa, dopo anni di solitudine. E poi, la presenza di Fabrizio e Michele, magari a tavola o, perfino, chiusi ciascuno nella rispettiva camera con la... rispettiva gemella. La prima scappatoia che le viene in mente è di chiedere a Mirna di prenderla in casa con sé. Ma non si può, sarebbe come rifiutare o tradire le sue sorelle. Sarebbe pura e semplice vigliaccheria, forse egoismo, una dimostrazione di poco amore.

– La stanza della mamma? –.

Sandra le si rivolge inquisitoria.

– Come l'hai utilizzata? –.

"Com'è possibile una tale mancanza di sensibilità. Possibile che le gemelle ignorino com'è morta la mamma? Gli zii glielo hanno nascosto? Ma sì. Allora mentirono. Hanno continuato a mentire? Avrebbero dovuto avvertirmi. Non sanno che ho trovato, io, per prima, la mamma morta suicida nel suo letto?".

– La stanza della mamma? – quasi balbetta – cosa vorresti farne della sua stanza? –. Altro non si sente di dire o chiedere.

– Si potrebbe affittare a una qualche studentessa, è uno spreco non utilizzarla –.

Come può essere così serafica la voce di Sandra?

Claudia non è più entrata in quella stanza. Le è stato perfino difficilissimo trovare una donna che venga a ripulirla. Ogni tanto togliere la polvere, aprire la finestra, cambiare aria. Fra le donne locali, impossibile, si erano tutte, più o meno esplicitamente, rifiutate, adducendo in genere scuse varie. Poi, s'era fatta avanti quella donna peruviana che non aveva pregiudizi, o superstizioni. O aveva realmente bisogno di lavorare, visto che si divideva fra diverse famiglie per qualche ora di lavoro.

Claudia si limita a puntualizzare: – Per il momento, la stanza della mamma non si tocca –.

Sandra non ha respirato l'inesorabilità della morte in quella stanza. Non conosce il mio strazio di allora che si rinnova ogni volta che il mio pensiero corre là, come in questo momento.

Ne parlerà con Mirna, è necessario parlarne con Mirna. Senza di lei si sente perduta.

Quei due mesi, prima dell'estate, scorrono sereni e piacevoli. Nonostante la cena con le gemelle. Giusto aver preso tempo, anche Mirna ha concordato. Del resto, le due ragazze hanno deciso di traslocare soltanto ai primi di luglio. Stagione estiva di ferie, farà in modo di non esserci, radunerà tutti gli effetti personali nella propria camera, chiudendola a chiave. Rimane da decidere come e a chi destinare la stanza da letto della mamma, anzi dei loro genitori. Ci avevano dormito insieme per diciotto anni, ci avevano fatto l'amore.
Ci penserai al momento, aveva detto Mirna. Lei, sempre così saggia, aveva suggerito: – Forse dovresti raccontare alle tue sorelle quanto tu sia stata coinvolta, come si sono svolti i fatti. Insomma, tutto. Sono adulte, è bene che sappiano. È stato loro risparmiato fin troppo, sapere le aiuterà a crescere –.

Nel periodo da maggio a metà giugno, Claudia e Mirna giocano "alle turiste" classiche. Non proprio quelle tipiche, ma molto somiglianti. In giro per la Toscana, sull'auto di Mirna, nei weekend e appena hanno uno spazio di tempo libero. La donna s'estasia davanti alle bellezze artistiche, ammirate fino a quel momento soltanto sui libri d'arte. Ha sempre una guida con sé, inesorabilmente inglese, per il bene di Claudia, s'intende. Claudia non s'è quasi mai mossa da Pisa, pur vivendoci dalla nascita. Due donne toscane che non conoscono la Toscana, o sembrano scoprirla per la prima volta, trovandola bellissima, sia nei suoi aspetti artistici che naturali. Firenze, Populonia, Lucca, Volterra, San Gimignano. Dalle dolci e verdi colline di Fiesole, alle spiagge di Baratti. Dai boschi, alle scogliere, dal fascino delle antichità e dell'arte, alla suggestione della rigogliosa natura. La Toscana è un vero gioiello d'Arte, di Storia e di Natura. Del resto, L'Italia tutta. A vederle insieme, radiose, non si distingue la differenza d'età fra loro, specialmente quando, per un motivo anche futile, ridono come due ragazzine dall'allegria facile. Sorelle, ecco cosa sembrano. Poi, alla metà di giugno, accadono due episodi molto importanti, anche se molto diversi fra loro.

Per primo, la telefonata imprevedibile di Alessandro Costanti. Mirna non riceve molte telefonate, oltre quelle di Claudia e di qualche allievo, che invece le telefonano spesso, negli orari più impensati. Infatti, allo squillo telefonico delle dieci di sera, suppone che sia uno di loro. Invece è una voce maschile con un bel timbro. Non la riconosce.

– Spero di non disturbarla, o indisporla, sono Alessandro Costanti. Forse ricorda che ci siamo parlati per qualche attimo, davanti il cancello di casa mia –.

– Sì, ricordo. Stavo aspettando Claudia –.

– Le avevo chiesto una seconda occasione... Spero che adesso... Sono a Pisa da ieri, per lavoro. Un seminario all'Università, sono docente di fisica –.

"Ecco un altro insegnante..." pensa Mirna. La somiglianza con George si fa sempre più precisa. Alessandro seguita a parlare, la invita a cena per la sera dopo. C'è un ristorante in Versilia, un locale rustico, ma con un'ottima cucina. Tutto a base di pesce.

– Ha qualche riserva? –.

– Nessuna. Sono una vegetariana accomodante, ogni tanto mi permetto una licenza –.

Alla fine, ha accettato l'invito. Prima che lui le ponga quella sua inopportuna domanda.

– Come nasce l'amicizia con Claudia? Avete un'età così diversa... –.

– Infatti, per età potrei essere sua madre. Se la madre di Claudia fosse viva, avrebbe la mia precisa età. È un impedimento all'amicizia? –.

– No, no... Per carità non volevo dire quello... Brillo sempre per la mia goffaggine... Non sono mai stato disinvolto con le donne, anzi nemmeno ne frequento molte. Insomma, sono una specie di pachiderma in una gioielleria, se mi permette la banalità della similitudine scontata.

"Oh, Dio... un altro con problemi a rapportarsi con l'altro sesso..." pensa Mirna.

– Non si preoccupi, non mi ha sconvolta. Io insegno inglese e Claudia era venuta da me per prendere lezioni. Da lì a diventare amiche ci corre poco, se c'è empatia. Ecco la spiegazione –.

Lo ha fatto contento, lo si avverte dal suono giocoso della sua voce. Verrà a prenderla a casa, l'indomani alle diciannove. Da Pisa alla Versilia ci saranno una trentina di chilometri.

– Sa dove abito? –.

C'è l'indirizzo sull'elenco telefonico e lui ha fatto un giro dalle parti sue, nel pomeriggio.

– A domani sera, allora –.

Mai si sarebbe aspettata la reazione di Claudia alla notizia. Ma andiamo con ordine.

La mattina dopo, le arriva la lettera di Fabio dall'India. Dopo averla letta e meditata, Mirna gli telefona. È una lettera lunga e molto affettuosa, piena di nostalgia e desiderio di incontrarla. Le illustra un progetto, già realizzato parzialmente. Non c'è stato fra loro, nell'infanzia e adolescenza, un rapporto confidenziale, come in genere accade fra fratelli. Lui molto legato a Rajesh, lei a Lakshmin, i loro fratelli elettivi, legame quasi più forte di quello di sangue. E Fabio proprio di questo le scrive, nella sua lettera, con una sorta di rammarico e desiderio di recuperare il rapporto trascurato. Le chiede di tornare in India, intanto soltanto per un periodo di vacanza, spera abbastanza lungo, tanto da poter ritrovarsi e rivivere le sensazioni del tempo perduto. Proust insegna. Tutti, prima o poi, tornano a ricercare se stessi, là dove si sono persi. È come se Fabio sapesse e conoscesse la vera storia di Lakshmin. Ma nessuno conosce, per intero, la vita segreta di Lakshmin, tranne lei. Anche Lilith e Vasuki potrebbero raccontarla in gran parte, se non fossero scomparsi. Mirna è sicura che siano stati uccisi, prima ancora della morte di Lakshmin. E anche la sua amica lo sospettava e prevedeva la propria stessa fine, fin dal momento della premonizione di Bhagirato. Le loro mani unite, fra quelle ruvide e scagliose del santone profetico, a conoscere quanto sarebbe accaduto. Al telefono, Mirna e Fabio. C'è emozione nelle loro voci. Vent'anni, senza incontrarsi, un fratello e una sorella. Così tanto tempo è quasi indecente, contro natura.

Ora Fabio è un uomo maturo. E non si è mai sposato. Nemmeno Rajesh, si è sposato. Fabio era innamorato Lakshmin. Tutti erano innamorati di lei, tranne il suo assassino.

– Per me è doloroso, tornare in India, non puoi immaginare quanto. È passato molto tempo... Il ricordo di Lakshmin è ancora così presente... E mi fa male –.
– È stato meno doloroso superare, restando qui, nella terra di Lakshmin –. La voce di Fabio, che le parla in inglese, ha assunto quell'accento particolare di un indiano che parla una lingua straniera.

Lakshmin avrebbe voluto, dopo il diploma, studiare a Londra. Sarebbe stata con me e l'avrei dissuasa dal tornare in India.

– È stato trovato il *diario* di Lakshmin. Lo aveva ben nascosto, nel sottofondo segreto della sua libreria. Sai come sono certi mobili indiani, pieni di anfratti misteriosi. Lakshmin scrive molto di te, di voi. Ti amava infinitamente e sapeva di essere ricambiata, di un amore molto speciale –.

Ecco che si presenta un altro diario. Una delle tante coincidenze, nelle nostre due generazioni così diverse. E così tante similitudini fra me e Claudia.

– Quindi lo hai letto anche tu... Che altro scrive, nel diario? Racconta di Lilith? –.
– Scrive della sua ipotesi di fondare una scuola che non sia solo per le classi più agiate, di insegnare anche a chi non ha molti mezzi per frequentare le scuole private, così costose e permesse solo alle classi più privilegiate –.
– Si riferisce anche ai paria? –.
La domanda le sfugge e suona blasfema a suo fratello. Lo si capisce dalla pausa fin troppo lunga, prima della risposta.
– Paria esclusi, s'intende. Non hanno casta. Lei pensava ai figli di impiegati, o cuochi, o maggiordomi, o agricoltori, anche servitori, non certo i paria. Insomma, le classi medie o di poco inferiori. Un progetto ambizioso, ma i tempi non erano maturi. Oggi è più facile. Già abbiamo una scuola, a Delhi, così impostata e ne stiamo inaugurando un'altra a Lucknow nell'Uttar Pradesh.

Nessuno sa di Lakshmin, del suo reale folle proposito. Nessuno l'aveva veramente capita. Perfino Lilith, quando aveva scoperto che stava insegnando a leggere e scrivere a Vasuki, s'era spaventata e aveva cercato di dissuaderla. Capiva il rischio che stavano correndo. Ma alla fine, vista l'ostinazione, s'era arresa. Noi, Lakshmin ed io, avevamo intuito che Vasuki fosse suo figlio. Senza farle domande, senza che lei si lasciasse sfuggire la verità. Fratello di latte di Lakshmin. E lei lo amava più di quanto amasse chiunque altro. Più che un fratello. Sperava di portarlo con sé in Inghilterra, con un qualche stratagemma o complicità ben retribuita. Il denaro compra tutto. E Lakshmin aveva un suo fondo personale molto cospicuo, messole a disposizione dal padre miliardario. Vasuki rappresentava l'India che Lakshmin avrebbe voluto cambiare. Se quel suo progetto si fosse realizzato, se noi tre fossimo partiti insieme, noi così uniti e così complici, forse io non avrei sposato George. Lakshmin me lo avrebbe sconsigliato e io l'avrei ascoltata.

– Non nomina mai Lilith, eppure le voleva bene...–.

I pensieri sono veloci e hanno un percorso che a volte non coincide con le parole che seguono.

– Fa cenno a una sua governante molto affezionata, ma non fa nomi –.

– Anche tu, Fabio, hai conosciuto Lilith. Ora ne parli come se non fosse mai esistita. Era spesso con noi, ci accompagnava nelle nostre uscite per Delhi –.

– È passato tanto tempo, non ricordo. Trascorrevo più tempo con Rajesh, nonostante fosse più piccolo di me di qualche anno, o stavo con altri amici, compagni di studi –.

Lakshmin , nel suo diario, non racconta di Lilith, nemmeno di Vasuki. Per proteggerli e proteggersi? Ma non bastò a fermare la mano assassina. Soltanto io, conosco certi retroscena. E in gran parte anche Mukesh Bhaskaran. Lui sapeva bene di Lilith, nutrice di sua figlia. E soltanto per Lakshmin, per non darle un dolore, separandole, le aveva concesso di restare in casa anche quando la bambina era cresciuta.

È bastato parlarne, perché la presenza di *Lakshmin* torni a dominarla.

– Potrai leggere il diario, anzi i diari, cinque quaderni, di Lakshmin, quando sarai a casa di Mukesh – promette Fabio.

Non ho bisogno di leggere quanto scrisse, del resto, non sembrerebbe tutto così fedele alla realtà, segno che temeva di potere essere spiata o scoperta. Io invece so tutto di lei, anche quello che non ha scritto.

Ma questo si deve tacere.

La telefonata di Alessandro ha scatenato una collera imprevista in Claudia. Una sorta di scenata di gelosia, riferita non si capisce bene a chi, ma violenta e incontenibile come sa esserlo a volte la gelosia.

– Come si è permesso, quello, di telefonarti? –.

– Occorreva un permesso speciale? Ha cercato solo di essere gentile, perché aveva avuto un tono un po' troppo infastidito, al cancello di casa sua. Si trova qui in città da ieri, per lavoro –.

– Avresti dovuto rifiutare. Trovare una scusa –.

– Il motivo? –.

Sembra incredibile ma stanno litigando.

– Perché noi due siamo amiche e lui era lo zio di Giulia e incontrando lui, mi metti a rischio di un incontro sgradevole –. Si ferma e poi spara la sua fucilata.

– Oppure mi costringi a evitare anche te –.

Forse è melodrammatica e infantile, pensa Mirna, però le riconosce una certa logica. Frequentando Alessandro, si creerebbe una situazione difficile da gestire, escludendo probabilmente o l'uno o l'altra. Per uscirne, decide di cambiare argomento.

– Non credo che in seguito lo rivedrò. Intanto, somiglia troppo a George e non è una buona credenziale. Inoltre, mi ha scritto mio fratello e ci siamo poi sentiti al telefono. Mi propone di tornare in India per una vacanza ma probabilmente spera che io ci resti –.

Strategia perfetta. Claudia si trasforma, quasi si trasfigura.

– Portami con te. Ho sempre sognato di poter andare in India. Ti prego, non puoi andartene e lasciarmi qui senza di te –.

Stavolta è Mirna a sentirsi spiazzata. Davvero non aveva previsto una metamorfosi del genere, proprio come quella di una bambina. Poi una mano a frugare nelle sue viscere perché Claudia non può, non deve, seguirla in India. È escluso.

– Io sarò ospite del padre di Rajesh, Mukesh Bhaskaran. Appartiene alla stirpe Brahamishi, la casta più alta, un uomo di larghe vedute, ma ugualmente rigoroso e fedele alle tradizioni. Mi vuole ospite nella sua casa di New Delhi. La frequentavo spessissimo da bambina e anche dopo, fino ai sedici anni o poco più. Ci sono ragioni sentimentali, un legane affettivo. Non so come dirti, non avertene a male, non posso decidere io per lui –.

Lo sguardo di Claudia è insostenibile. Mirna ha difficoltà ad affrontare quel tema, quindi cerca di sviare il discorso, ma è costretta ad approfondirlo nel tentativo di distogliere la ragazza.

– Rajesh e Fabio sono soci in affari. O, meglio, il padre di Rajesh ha preso Fabio sotto la sua tutela e gli ha affidato una carica importante a fianco di Rajesh. Quasi fosse un secondo figlio. È una famiglia molto potente e importante. Molto conosciuta e stimata in India. Oltre che ricchissima. Miniere e lavorazione di diamanti e altre attività. Non che io sia molto informata. Ha sostenuto con entusiasmo il progetto di Fabio e Rajesh di scuole private per le caste Vaishya, Sudra e insieme Kshatryia. La prima comprende contadini e pastori, la seconda operai e servitori, mentre la casta Kshatryia è molto elevata, capi guerrieri e aristocratici militari, subito sotto la casta Brahamishi. Tu capisci quanto sia rivoluzionario il loro progetto... Rajesh ha avuto il consenso di suo padre perché Mukesh è un uomo molto colto e illuminato. Insomma la storia è lunga. In ogni caso, non posso imporre loro un'ospite che non conoscono –.

– Potresti almeno accennare. Può darsi che anch'io possa rendermi utile nella scuola nuova, per la contabilità, se non per insegnare, fare la segretaria, la custode... Mi va bene tutto –.

– Tu hai già un ottimo lavoro qui. Come faresti con la Banca? –.

– Intanto le ferie: ne ho di arretrate. E poi potrei prendere un periodo di aspettativa. Insomma, intanto vedere. Proverai a chiedere, Mirna? –.

Quasi implorante. Se potesse, si getterebbe ai piedi dell'amica che prima ha quasi aggredita per l'invito di Alessandro. Anzi, quell'episodio, è stato completamente accantonato. Così come farebbe una bambina capricciosa che subito si lascia distrarre, se le proponi un'alternativa più entusiasmante o un gioco divertente. Ma non è un gioco o, se lo è, può essere impietoso, perfino inesorabile. Mirna si sente impotente, quasi sopraffatta da una volontà superiore.

Il viaggio

Mukesh Bhaskaran, informato dal figlio, non si è opposto alla presenza di Claudia a Delhi, ma ha messo limiti alla propria ospitalità, così come Mirna aveva previsto. Se l'iniziativa lo ha contrariato, lo ha dimostrato ponendo certe condizioni. Non si può dare fiducia a qualcuno, se non lo si conosce. L'invito rimane riservato a Mirna, amica del cuore di sua figlia Lakshmin. Arriveranno di notte a Delhi e pernotteranno in albergo, lo Hyatt, vi soggiorneranno i primi tempi. Poi si vedrà. Ad aspettarli ci sarà un autista, Atul, che Fabio ha garantito essere persona di fiducia della famiglia. Mirna non può fare a meno di ricordare Kumar che aveva sostituito l'autista precedente. Tanto fidato non le era sembrato. Mirna già conosce lo Hyatt, un hotel molto confortevole e lussuoso dell'India ricca, per avervi pernottato un paio di volte da bambina. Ricorda che suo padre sconsigliava di alloggiare in alberghi meno qualificati, rischiosi soprattutto dal punto di vista igienico. Non tutti possono permetterselo. Nemmeno Fabio potrebbe alloggiarle a sue spese allo Hyatt, di certo, c'è stato l'intervento economico di Mukesh.

Passato il metal detector, l'attesa nella saletta, prima del controllo dei biglietti, è breve e, finalmente, si entra sulla pista, dove l'aereo dell'Alitalia è pronto per partire. Farà scalo a Roma dove troverà il volo diretto per Francoforte e, da lì, per New Delhi. Claudia non parla, vive quei momenti che, per molti altri, sono una consuetudine, come un'esperienza emozionante. Non ha mai viaggiato in aereo, del resto una sola volta in treno. Mirna spera che la ragazza non sia presa, una volta salita a bordo, dal panico del volo in alta quota, per giunta così prolungato. Non glielo domanda, per non suggestionarla. L'hostess mima e spiega le attenzioni dovute in caso d'incidente imprevisto. Tutti sanno che, se un aereo precipita, nessuno, a parte rarissime eccezioni, si salverà, con o senza accorgimenti. Allacciate le cinture, finalmente, l'aeroplano prende velocità percorrendo la pista, si alza in quota e c'è il rollio del carrello che rientra. Per Mirna, che pure ha viaggiato molto, è il momento più delicato, è la perdita di contatto con la terra, è l'affidarsi ad altri, piloti e macchina. Subito dopo, in lei subentra la tranquillità del ciò che deve essere, non sta in lei cambiare il corso degli eventi. Ha tentato di tutto per evitare di condurre Claudia con sé, non c'è riuscita, nonostante la convinzione di usare una scortesia a Rajesh e soprattutto al padre di lui. La ragazza ha così tanto implorato, fino a rendersi ossessiva e Mirna, come già accaduto in altre circostanze, ha ceduto.

Claudia, nel momento in cui l'aereo prende quota, avverte un senso di vuoto allo stomaco, una vertigine, perfino nausea. Aderisce allo schienale della poltrona, la testa ben salda, sostenuta dal poggiatesta, chiude gli occhi. Guai a sentirsi male, a rendersi ridicola. Raggiunto un volo stabile, miracolosamente, tutto si assesta. Riesce perfino a guardare fuori dall'oblò, il cielo d'un azzurro inverosimile, qualche baffo bianco di nuvola, il corso dell'Arno, i tetti, i comignoli delle fabbriche. Sempre più piccoli e lontani. Sta volando. Adesso può anche scambiare qualche parola con l'amica che le siede accanto. Sa di averla forzata, fino a rendersi fastidiosa, le dispiace ma, nello stesso tempo, ne è fiera. Ne è valsa la pena. Le si rivolge e le brillano gli occhi: – Mirna, grazie. Sono felice –.

A Roma, in attesa della coincidenza aerea per Francoforte, accade un episodio particolare che, sul momento, le due amiche considerano straordinario, strano che in seguito, non torni loro in mente. Così, spesso, avviene per fatti e momenti della vita: passano e vanno e non si sa coglierne il segno. Ci sono, seduti di fronte, i componenti di una famiglia islamica. Una giovane coppia, due bambini, probabilmente i loro figli, una donna più anziana, forse una nonna o una governante. È, fra loro, l'unica ad indossare l'abito tipico delle donne islamiche, capo coperto tipo suora, vesti lunghe e infagottate, calze nere nei sandali. Mirna li ha sorvolati con uno sguardo. Non è educato fissare le persone, specialmente se di cultura diversa, potrebbe risultare provocatorio, perfino irriverente. Per qualche minima frase fra loro, si conferma l'ipotesi della loro origine. Chissà forse pakistani o palestinesi. Anche se la giovane coppia indossa abiti all'europea, con jeans e maglietta, come pure i bambini, le caratteristiche somatiche sono quelle. Lineamenti marcati e colore bruno della pelle. I bambini, maschio e femmina, dimostrano rispettivamente circa sette e cinque anni, almeno all'apparenza. Per Mirna è bastata un'occhiata d'insieme per raccogliere quelle indicazioni. Lo sguardo di Claudia, invece, si sofferma su di loro, più volte. D'altra parte, l'attesa snerva, alzarsi per evitare di guardarli, potrebbe essere, forse, più sconveniente del contrario. Il bambino non distoglie lo sguardo dalla ragazza, forse ha sentito su di sé lo sguardo di lei. Sarebbe imbarazzante, se non si trattasse di un bambino. Ma lo è. La sua insistenza risulta disarmante. Ha uno sguardo adulto. L'attenzione alla fine diventa reciproca. Claudia lo osserva, per curiosità, più che altro. E anche lo sguardo di Mirna, quasi involontariamente, cade spesso su di lui. Il piccolo ha la pelle scura, sopracciglia arcuate, ben disegnate, aggrottate; occhi nerissimi, freddi fino a sembrare distaccati, senza sorriso, come disincantati. Nello stesso tempo, quasi sfrontati. Oppure intenti a evitare che gli altri vi leggano dentro. La ragazza prende l'iniziativa di un sorriso, un cenno d'intesa, come a dirgli che non è infastidita dalla sua attenzione. Lui continua a fissarla, ma non si scompone, non ricambia il sorriso, la osserva senza mutare espressione; gli hanno insegnato a diffidare. Nemmeno un battito di ciglia nello sguardo adulto. Pare che voglia dimostrarle che non distoglierà l'attenzione prima di lei. La ragazza, infatti, cede. Ma non riesce a ignorare la tenerezza ispiratale da quel piccolo uomo che non si lascia conquistare da chi ha l'età della presunta madre. Infatti, la giovane donna, apparentemente la madre ma non è detto lo sia, avrà sì e no l'età di Claudia.

Quando si alzano, la ragazza gli accenna un saluto e, finalmente, sul quel viso bambino, un frammento di sorpresa;
una lieve esitazione, subito controllata. Lo rivedono, più
tardi, sulla navetta che conduce i passeggeri all'aereo in partenza. Anche il piccolo *arabo* è diretto a Francoforte, chissà
quale sarà la sua destinazione finale. Le precede di un paio
di metri, sovrastato da molti corpi adulti intorno; i genitori
e la donna in scuro, più avanti, gli girano le spalle. Si regge
in equilibrio precario alla gonna lunga di quest'ultima. Una
donna bionda, intorno all'età di Mirna, vedendolo vacillare,
gli parla in italiano con un forte accento romano. Lo invita
a sostenersi a una barra dell'autobus. Le rivolge un'occhiata
che ammonisce, fredda e dura, indifferente alla lingua per lui
straniera. Claudia e Mirna, per quel poco che lo hanno osservato, riconoscono quello sguardo scostante, anzi ostile. La
donna, infatti, non insiste. Claudia, a un nuovo sobbalzo, vin-
ce l'impulso di avvicinarsi e porgergli una mano per dargli un
appiglio. Potrebbe sembrargli che voglia farsi notare, inoltre,
fra loro ci sono altri passeggeri e, del resto, sa che il piccolo
la respingerebbe. Suppone che il contatto della sua mano potrebbe disturbarlo, o risultare perfino invasivo o certamente
inopportuno. Una donna, per giunta straniera e, soprattutto,
una infedele. I genitori potrebbero anche reagire male, ma
perché mai non gli prestano attenzione e non gli indicano un
sostegno? La ragazza pensa ad altro, si distrae: il tragitto è
più lungo del previsto. Chissà se la nebbia permetterà di at-
terrare a Francoforte in tempo utile per la coincidenza diretta a Delhi e molti altri "se" di cui è piena la sua mente. Anche
Mirna è pensierosa. Tuttavia nulla, in quel breve spazio di
tempo, le sfugge e ne resterà colpita. Il bambino si è sposta-
to, indietreggiando rispetto ai familiari. Claudia è distratta
dai propri pensieri e non ci fa caso. Se ne rende conto per la
pressione contro il fianco e la gamba sinistra. Istintivamente,
porta la mano al marsupio dove tiene il passaporto, poi capisce e lo riconosce. Non è il caso di considerarlo un ladruncolo.
Alla sorpresa, si mischia un'inspiegabile emozione. Lo sente

contro di sé, l'ha scelta come sostegno, non si sarebbe aspettata da lui un gesto così fiducioso e confidenziale. Si è allontanato dai genitori, indietreggiando, le si è accostato. Anzi le aderisce, le trasmette il calore del suo piccolo corpo. Alza gli occhi un attimo a incontrare i suoi, come volesse dirle: "Eccomi, ti ho raggiunta, ti sono accanto". E subito distoglie lo sguardo, simulando noncuranza e controllando la posizione dei parenti. Con una certa reticenza, per timore di sbagliare, Claudia gli sfiora leggermente una spalla, con la punta delle dita, in un minimo accenno di carezza intimidita. Nel gesto, avverte la stranissima sensazione di conoscerlo da sempre. Il bambino, inaspettatamente, l'asseconda, premendo il viso contro di lei, con un leggero movimento, sempre controllando i familiari. Probabilmente teme si voltino e lo sorprendano in quell'atteggiamento fiducioso di abbandono. Di sicuro, gli è stato insegnato a non dare confidenza, specialmente agli sconosciuti. Chiunque lo farebbe col proprio figlio bambino. Lui forse ha desiderato o percepito in Claudia la tenerezza di una madre. Così lei cerca di tradurre. Lui però tasta, con un piede, il piede di lei, comunicandole, in quel modo, una sorta di segnale complice, come un adulto che tenti un approccio e il gesto non corrisponde alla spiegazione che si è data. Le resta con la testa appoggiata al fianco e, questa volta, la ragazza, con il palmo della mano, gli accarezza la gota vellutata. Quel contatto le trasmette una vibrazione intensa, una forte commozione, come la percezione di sentimenti lontani, ora risvegliati. Qui il bambino la sorprende di nuovo perché appoggia il viso contro il palmo della sua mano, reclinando la testa, incontro alla carezza. Lei lancia uno sguardo ai familiari, timorosa che, notandoli, possano fraintendere. Il piccolo tiene gli occhi socchiusi, come gustando l'attimo e preme col fianco contro di lei, quasi in un abbraccio: l'intesa è completa.

Mirna la tocca col gomito, per distoglierla o svegliarla da quella sorta d'incantesimo. Provvidenziale, Claudia pensa, l'intervento di Mirna. L'Oriente è ancora lontano, lei già ne vive la suggestione. L'amica, quasi per sdrammatizzare, le sussurra: – Hai fatto una conquista – .

Sa che dopo non sarà facile tentare di trovare una spiegazione logica. Quando la navetta si ferma, il bambino si stacca in fretta e avanza senza guardarle. Raggiunge veloce i genitori, prima che lo cerchino. È un comportamento astuto. Soltanto dopo, già con i piedi sulla pista di partenza, rallenta il passo per distanziare i familiari e gira loro le spalle, camminando a ritroso. Guarda Claudia e muove le labbra in una parola senza suono, forse un saluto e, ancora una volta, la sorprende, dedicandole un luminosissimo sorriso. Lei aveva dubitato della sua capacità di sorridere. Lo ricambia con un cenno della mano, sorride al suo sorriso.

Mirna si sfiora la fronte, appena il tocco delle dita, come a spostare un capello o per scacciare una zanzara. Né l'uno né l'altra ma è un pensiero altrettanto inopportuno o fastidioso, d'altra parte, subito cancellato. Gli occhi del bambino, quello sguardo precocemente adulto e deciso, quasi sfrontato, la riportano alla lontana adolescenza, in casa di Lakshmin. Una somiglianza, ma un comportamento diverso in un'età più adulta. Uno sguardo umile, ma non del tutto rassegnato, con un guizzo di ribellione nascosto dalle palpebre subito abbassate di Vasuki.

Altro tentativo di prendere sonno, o semplicemente di evitare il dialogo. Ciascuna a scorrere i propri pensieri. Mirna riflette che Claudia non le ha più chiesto della cena con Alessandro. Non che ci sia molto da dire, ma dopo la scenata fuori luogo, di ormai un mese prima, si sarebbe aspettata un minimo di curiosità da parte della ragazza. Ma già la decisione di condurla con sé in India, doveva aver allontanato qualsiasi timore di conflitto fra loro. Per la verità, la somiglianza fisica di Alessandro con George riesce ad annullare certe velleità. Lui è tuttavia un uomo molto piacevole e brillante, diverso dall'idea che s'era fatta in un primo momento. Anche attraente... Come lo era stato George prima di rivelarsi una scelta sbagliata. In ogni caso, Mirna condivide le perplessità di Claudia. Frequentare lo zio di Giulia, creerebbe disagio alla loro amicizia. Alessandro le ha raccontato molto di sé, della sua professione, del matrimonio fallito perché troppo precoce fra compagni di università, di un figlio adulto, a sua volta studente universitario, della moglie che si è risposata poco dopo il divorzio. Così va la vita. Lei, Mirna, gli si è rivelata una perfetta ascoltatrice, del resto lui non chiedeva che di essere ascoltato: grande difetto, segno di egocentrismo. Per lei, tuttavia, un sollievo non dover parlare di sé. Se gli avesse fatto notare la somiglianza con George? Ugualmente lo ha deluso fortemente annunciandogli il suo ritorno in India.

– Per una vacanza? –. Le ha chiesto.

Non gli ha dato una risposta precisa, nemmeno lei se l'è ancora data.

L'India ritrovata

In una notte senza luna, dall'oblò dell'aereo, nella discesa sulla pista dell'aeroporto "Indira Gandhi", si vedono rade piccole luci di colori diversi, sorprendenti in una città immensa come Delhi. Dall'alto, appare invece come un paese di campagna, sia pure molto vasto, male illuminato da lumicini sparsi. Una sorta di presepe povero di statuine. All'atterraggio, c'è, poco rassicurante, un sobbalzo dell'aereo sulla pista, ma anche un senso di inevitabilità rassegnata. E l'odore caratteristico che Mirna riconosce, immutato. Odore di fiori marcescenti, misto a quello acre delle latrine. Poi il controllo, all'uscita, tutti in fila davanti a un bancone dove un militare verifica i passaporti. Non parla inglese, solo l'indi, quindi nessuna domanda. Non capirebbe, non si farebbe capire. Squadra la foto a lungo, il passaporto fra le mani e poi alza lo sguardo al viso del passeggero in attesa, stanco e sudato dopo così tante ore di viaggio. Per il cambio di aerei e le attese delle coincidenze negli aeroporti, il caldo e la sete, quasi si rasenta una crisi d'ansia. Sedici ore, fra uno scalo e l'altro. L'attenzione del militare si alterna a scrutare, meticoloso, sia il volto di Mirna sia quello di Claudia. Ha uno sguardo vacuo, sembra che guardi senza vedere, ma invece osserva attentamente. Così gli hanno ordinato e l'uomo vuole essere scrupoloso, il turno di notte scorre più veloce, se lo si riempie d'impegno. Poi la lungaggine del ritiro dei bagagli. Finalmente fuori, l'odore non è cambiato, umido e caldo, si fa palpabile e aderisce alla pelle delle braccia scoperte e avvolge il corpo sudato. Dovrebbe esserci, ad aspettarle, per condurle in albergo, l'autista con l'auto messa a disposizione dai Bhaskaran, ma non c'è. Le due donne si guardano intorno, non vedono l'Ambassador bianca prevista, sempre la stessa marca che Mirna riferisce al passato. Una mezz'ora d'attesa è imbarazzante e lunghissima nella notte poco illuminata. Un tassista locale, probabilmente abusivo, le osserva, finestrino abbassato, come a dire che lui c'è ed è disponibile. Diventa inevitabile decidere di servirsi del suo taxi. Salgono. Mirna non si sente tranquilla, ma nasconde la sua preoccupazione a Claudia. Sul taxi, odore di urina e chissà che altro. Lo sportello accanto al conducente è fermato con uno spago. Danno l'indirizzo dell'Hotel, l'Hyatt. Sono le due di notte, ora locale. Intorno soltanto buio, nessun segno di vita, nessuna figura umana per le strade. Hanno un sussulto quando, insospettata, un'ombra avvolta in una sorta di coperta, si stacca dal marciapiede. Il tassista si ferma per caricare quell'indù macilento, sciogliendo lo spago della portiera accanto a lui. Un odore pesante si mischia agli altri, all'interno dell'auto. Le due donne s'interrogano con lo sguardo. I due uomini si conoscono, discutono animatamente fra loro in indi, o in una delle tante lingue locali. Indecifrabili. Mirna è sempre meno tranquilla. Due donne sole, dollari e rupie, una rapina fin troppo facile, nel caso che i due siano criminali e complici.

Un'auto dietro focheggia, segnala di fermarsi. Dal lunotto unto, dietro, Mirna riconosce un'auto bianca che le sta seguendo, di certo è guidata dall'autista mandato dai Bhaskaran, sia pure in ritardo, per una qualche misteriosa ragione. Sapranno poi che, nell'auto posteggiata dietro la siepe che costeggia l'uscita dell'aeroporto, l'uomo si era addormentato. Adesso, lampeggiando, intima al taxista abusivo di fermarsi. Quello, anzi quelli, parlottando fra loro, non intendono assecondarlo né perdere il cliente, o quant'altro.

Per le strade di Delhi, di notte, capita di imbattersi in posti di blocco, transennati e presidiati da militari armati, avrà pure un significato. A quel punto, il taxi deve fermarsi e farsi raggiungere dall'Ambassador che, dietro, segue. L'autista frena e scende dall'auto, dirigendosi, per primo, verso i soldati, pronto a mostrare i propri documenti e a spiegare. Già il nome di Bhaskaran è come un lasciapassare. Mirna e Claudia scendono anch'esse dall'abitacolo traballante. Mirna non ha dimenticato di porgere al taxista le rupie pattuite alla partenza, così da placarlo. Atul si scusa molto e, masticando un inglese approssimato, le prega di non riferire l'accaduto a Bhaskaran: rischia il licenziamento. Le due donne sono talmente sollevate, che quasi lo ringrazierebbero, piuttosto che rimproverarlo.

All'entrata dell'Hotel, c'è un portiere in livrea bianca con rifiniture rosse e alamari dorati. Le accoglie deferente. Già nella hall ci si rende conto della sontuosità. Saloni immensi. Molto marmo, velluto e tendaggi preziosi in seta. Divani e poltrone in angoli salotto. Una grande fontana zampillante al centro del salone, alimentata da una cascata che scorre lungo la parete di marmo che sorregge la scalinata che porta ai piani superiori. Il verde delle piante nelle aiuole, il leggero aroma che si espande, aumentano il senso di frescura del climatizzatore in funzione.

Alla reception, una bellissima ragazza, che indossa il sari, ha il viso levigato e la pelle chiara. Controlla i documenti e la prenotazione, porge la chiave delle due camere comunicanti. Sembra di vivere un sogno, nel sonno che preme sulle loro palpebre. Salgono in ascensore. Le camere sono perfettamente consone all'ambiente intorno: molto lussuose e ancora molto marmo e tappeti pregiati. Prodotti cosmetici costosi sulla mensola del lavabo nel bagno. Tuttavia, insolito per le due amiche, un imprecisabile bricco di plastica a fianco del water. Per lavacri in loco?

L'autista le ha informate che Rajesh e Fabio le aspetteranno nella hall in mattinata. Considerando che sono le tre di notte quale mattinata s'intende? Il tempo di una doccia e di crollare sul letto per poche ore.

Alle dieci, al telefono, vengono avvertite che gli amici sono arrivati e le attendono per la colazione nella sala ristorante.

Entrambe sono molto emozionate, per motivi simili e diversi. Mirna non vede il fratello dall'autunno del 1970. Lo aveva lasciato poco più che ragazzo e adesso ritrova un uomo dal viso un po' scavato e dalle tempie grigie. È pur sempre suo fratello, anche se così diverso, fisicamente estraneo nell'abbraccio. La consapevolezza c'è, manca la confidenza. Qualche lettera e alcune telefonate fra loro, negli anni. Forte il ricordo di Lakshmin, presente nel breve contatto fisico fra loro, commosso e insieme imbarazzato. E poi c'è Rajesh. S'inchina, giungendo le mani sul petto. Mirna risponde alla stessa maniera, contenendo il tremore nelle dita unite. Adesso ha conferma di quel suo timore reverenziale nell'eventualità di un ritorno in India, troppo forti le sensazioni e paura di non contenerle.

Claudia li incontra per la prima volta. Si sente inopportuna ma, nello stesso tempo, dentro di sé, quasi pretende di essere accettata come fosse un diritto acquisito. Per aver così ardentemente desiderato e sognato l'India. Avverte quanto sia palpabile l'emozione dei tre, che la esclude ma, nello stesso tempo, si ripromette di penetrarla, di divenirne parte.

Recuperato un contegno, seguono le banali domande di rito. Il viaggio? Dormito bene? La stanza è confortevole? Poi la colazione. Molto inglese la proposta, ma preferiscono sia il più italiana possibile. Niente vale più di un caffellatte e le classiche fette biscottate con burro e marmellata. Un certo impaccio, poi la conversazione sembra prendere il ritmo giusto, distaccata ma cordiale. Il programma? Fabio farà da guida a Claudia, in un primo giro turistico per Delhi, Red Fort, National Museum, forse anche il suggestivo mercato coperto, con gl'innumerevoli negozietti, poi si vedrà. Rajesh invece condurrà Mirna alla villa paterna, dove Mukesh Bhaskaran li sta aspettando con impazienza. Come è logico che sia, ha chiesto di vedere soltanto lei, amica della figlia, in passato così assidua di casa, finché Lakshmin era vissuta. Mirna avrebbe preferito poter parlare da sola col proprio fratello, piuttosto che separarsi prima ancora di essersi riconosciuti, ma capisce di non poter opporsi, già ha abusato dell'ospitalità, conducendo con sé un'estranea. I due uomini hanno a disposizione due auto e due autisti. Atul guida l'auto su cui salgono Fabio e Claudia; Rajesh, con Mirna, in una seconda auto, guidata dall'autista Kumar. Quell'uomo, dunque, esiste ancora, quindi, da allora, hanno continuato a dargli fiducia.

Appare, com'è logico, invecchiato, ma lo sguardo è rimasto impenetrabile come lo ricordava e lei lo incrocia nello specchietto retrovisore. Durante il tragitto, Rajesh sembra a suo agio, sono più o meno coetanei e lui è un uomo affascinante. Le mostra particolari fuori del finestrino, le chiede se i suoi ricordi sono ancora vivi. Mirna annuisce, soffermandosi su alcune immagini di povertà, durante il percorso. Al semaforo, un uomo lacero dalle dita mangiate dalla lebbra, porge una lattina vuota, chiedendo l'elemosina. Vorrebbe abbassare il vetro e offrirgli qualche rupia, ma Rajesh scuote la testa.
– C'è altro modo, se vuoi far del bene. Questi disgraziati hanno un "padrone" che sfrutta la loro miserevole condizione, trattenendo per sé il ricavato dell'elemosina –.
Dagli anni '60-70 ad oggi, anni '90, l'India non è cambiata. Qualche turista occidentale in più, non tantissimi. Qualche costruzione moderna. Se il Paese è cambiato, in un certo senso, potrebbe esserlo in peggio, lo è agli affetti per l'inquinamento atmosferico. Si respira più fuliggine che ossigeno. Molto traffico motorizzato e caotico per le strade, scooter di marca italiana, moto giapponesi, modelli superati di auto di costruzione inglese, autobus fatiscenti con i passeggeri *aggrappolati* agli sportelli e sul tetto. Si guida a suon di clacson, un frastuono incredibile, specie in periferia. Insieme, uomini in bicicletta che, nel traffico, sfidano la sorte. Vacche macilente e scheletriche che intralciano, ma sono le sole che riescano a deviare il flusso dei vari mezzi, i quali si aprono e fanno ala al loro passaggio. Per Mirna, una sensazione di surrealtà. Ai margini delle strade, il misero popolo delle baracche. Le donne *Candala* (intoccabili), con le mani nude, impastano e modellano piastrelle di sterco di vacca, caduto lungo il percorso dell'animale. Non si capisce da quale alimentazione provenga, vista la magrezza scheletrica della bestia. Su un palazzo in costruzione, brulicano operai al lavoro, sotto il sole che si farà cocente e, già di mattina, il caldo è insopportabile, i corpi magri e nudi, lucidi di sudore. Se qualcuno crolla, nessuna difficoltà per la sostituzione. Ai suoi

commenti e domande, Rajesh le risponde che sì, la periferia di Delhi, e l'India tutta, è ancora così miserevole. Ci sono ancora le cloache a cielo aperto, i bambini sporchi e nudi che non osano tendere le mani per elemosinare e sgranano i loro grandi occhi cerchiati dal kajal, lucenti di quella dignità che i genitori hanno loro insegnato, ma non riescono a capire la ragione di quel divieto. Sì, l'India è povera come nel passato, anzi di più, forse meno evidente perché i poveri sono ancora più emarginati, esclusi dal cemento della città, banditi dai grandi negozi europei, dove i ricchi locali e i turisti fanno acquisti. E sì, la manodopera è molto economica per gli industriali europei che si rivolgono al personale a basso costo e qui hanno trasferito le loro lavorazioni. Anche e soprattutto quelle inquinanti e quindi nocive.

– Cambiamo discorso – esorta Rajesh.

La villa sontuosa della nobile famiglia Bhaskaran si trova trenta chilometri fuori Delhi. Circondata da un grande giardino protetto da alte mura, guardie private che controllano quasi fosse una fortezza. I chilometri, in India, in ragione temporale si moltiplicano, considerata la lentezza obbligata e i vari intoppi.

Nell'uscire da Delhi, alcuni militari fermano l'auto e indicano un percorso diverso. Rajesh rimprovera l'autista di non aver previsto che, in quel giorno festivo per i mussulmani, è sconsigliabile passare nei pressi della Grande Moschea.

A Mirna ricorda: – È venerdì. Una moltitudine di fedeli frequenta il tempio e, all'uscita, gruppi familiari passeggiano nelle vie circostanti e nei parchi. Non è loro gradita la presenza di "miscredenti" o "infedeli". Vale per gli occidentali, peggio se turisti. Ma vale anche per noi induisti. A volte, scoppiano scontri violenti fra induisti e musulmani proprio in occasione di ricorrenze religiose sia degli uni che degli altri.

L'odio è odio antico, risale al tempo in cui i musulmani, durante la loro dominazione, distrussero i templi induisti per costruirvi sopra le loro moschee. Probabilmente ti sembro di parte. Sono fatti che tu già conosci e potresti osservare che anche gl'induisti fecero altrettanto. Tutto è relativo, dal momento che io sono induista e gl'invasori erano loro –.

Mirna preferisce non commentare. Il suo sguardo si rivolge ad un gruppetto di persone, fermo accanto a un incantatore di serpenti. Niente di più banale, la foto turistica per cinquanta rupie. Il rettile, innocuo, si erge fuori della cesta, rigido, al suono dello zufolo. Le torna in mente un lontano episodio, durante un'uscita con Lakshmin. La vista di uno pseudo santone che "levitava" proponendosi ai loro scettici occhi. Sdraiato per terra, si era nascosto sotto una coperta, o quello che restava di essa, rigida dalla sporcizia, di un marrone uniforme. Videro la coperta sollevarsi a un metro da terra, presumibilmente col santone sotto. L'avevano osservata restare sospesa nell'aria, cercando di controllare, per quanto possibile, senza avvicinarsi. Avevano cercato di capire che cosa potesse sfuggire alla loro attenzione. Dal momento che la scena si svolgeva all'aperto, non poteva supporre, come sarebbe stato plausibile sopra un palcoscenico, dei fili pendenti dal soffitto.

Lakshmin l'aveva ammonita, sorridendo:– Anche qui, come in Occidente, ci sono abili illusionisti, questo non è dei migliori –.

Anche Rajesh sta sorridendo, seguendo il suo sguardo: – Un altro falso povero – commenta.

Le racconta della scuola nuova che stanno ultimando a Lucknow, s'entusiasma nel parlarne. Hanno bisogno di insegnanti, dice.

– Tu, per esempio, potresti insegnare letteratura o la lingua inglese. Conosci bene l'inglese, oltre che l'italiano e anche un po' di indi. Saresti perfetta. La scuola sarà di tipo europeo e l'inglese sarà una delle lingue di studio obbligatorio. Sai bene che senza la conoscenza dell'inglese non si va lontano. Gli allievi saranno prevalentemente europei, abbiamo avuto già richieste per il prossimo anno scolastico. E poi, certo, ci saranno anche ragazzi indiani. Anche Lakshmin, come ben sai, frequentava la tua stessa scuola europea. Non c'è più quell'Istituto di suore che frequentavate. Ora le suore si prodigano in altro modo. Di certo avrai sentito parlare di Teresa di Calcutta –.

E il discorso prosegue su altri temi. Quasi a sviare l'attenzione dall'argomento precedente.

– Tu conosci l'indi, vero? –.

– Ben poco, stavo imparandolo con Lakshmin. Era... la mia insegnante, oltre che la mia grande e unica amica. Anzi era molto di più, sei suo fratello, dovresti saperlo –.

– Anche lei ti amava molto, eri sempre presente nei suoi discorsi e quindi nei suoi pensieri. L'ha scritto esplicitamente nel suo diario. Anche per questo, mio padre desidera che tu lo legga, proprio per farti capire quanto lei ti amasse.

Ah... quei diari resi pubblici! Quello di Giulia, quello di Lakshmin...

– Una grande amicizia è anche amore. Non l'ho mai dimenticata e ho sofferto molto per la sua morte così ingiusta e crudele –.

– Lo so. E anche Mukesh, mio padre, lo sa. Per questo prova molto affetto per te. Attraverso te, rivede sua figlia e avrebbe voluto averti ospite nella sua casa –.

– Lo disturba molto la presenza di Claudia? Gli parlerò di lei, di come l'ho conosciuta, di quanto mi ha trasmesso fin dal primo momento. Spero che saprà capire e perdonare la mia indelicatezza –.

Lungo le strade indiane vige la legge del più forte, o del più imponente. Nel senso che si può incontrare, in direzione opposta, in fase di sorpasso, una sorta di camion cigolante che finge d'ignorare un'auto che gli viaggia legittimamente di fronte. L'autista dimostra doti acrobatiche nello scansarlo, a mezzo metro di distanza, al punto di quasi scontro. Ma forse è un gioco del tutto previsto, concesso dalla consuetudine, a dimostrazione del più capace e più veloce.

Kumar è abilissimo, probabilmente ci si diverte, tutti gli autisti indiani dimostrano massima prontezza di riflessi. La loro guida, non si sa per quale concessione ricevuta, non prevede frecce, né lampeggianti, solo clacson che suonano di continuo, assordanti, per chiedere strada. Chi fa più rumore ottiene più attenzione. Mirna non è preoccupata per aver già sperimentato in passato quel tipo d'indisciplina e si adegua con una certa fiduciosa rassegnazione.

Fuori Delhi, lungo la strada sterrata, la donna osserva altro, dal finestrino scrupolosamente chiuso, pur seguitando a interloquire con Rajesh. Una mucca è accasciata per terra, magra e macilenta, mentre la loro auto e altri mezzi fanno una sorta di gincana per scansarla. Una carcassa d'asino, chissà quando morto, si trova invece fuori strada, accanto ad alcuni cumuli di detriti e immondizia. Avvoltoi se ne nutrono e cani randagi si contendono quel pasto.

Gli avvoltoi sono molto presenti in India. Si notano appollaiati sopra i rami degli alberi, anche nei giardini e nei parchi o volteggianti nel cielo sopra i luoghi abitati. Lugubri presenze, in attesa o in ricognizione. Indispensabili, in senso ambientale, per il giusto equilibrio nell'armonia della natura. Vitali e tenaci più dei cani che li affiancano a terra, quest'ultimi meno numerosi e più soggetti, una volta cadaveri, a diventare, a loro volta, pasto.

L'auto prosegue, Mirna con lo sguardo fisso alla strada. Rajesh seguita a parlare, indifferente alla visione esterna.

L'attenzione di Mirna, a un tratto, si rivolge ad un uomo che arranca sopra una bicicletta vacillante. Legata al portapacchi dietro, orizzontalmente, una sagoma rigida avvolta in una specie di drappo bianco. Potrebbe passare inosservata, se non fosse per quell'andatura instabile del ciclista. Poi, il sospetto, seguito da certezza, appena incontra lo sguardo di Rajesh.

– È quello che penso sia? –.

– Sì. È un cadavere. L'uomo ha solo una bicicletta per portarlo al fiume. Non credo abbia denaro per comprare legna e carbone necessari alla cremazione. Non è legale, ma che altro potrebbe fare? Getterà il suo *pacco* nell'acqua. Provvederanno gli avvoltoi. E i cani, se il defunto ritorna a riva –.

Mirna riflette che si tratta della stessa acqua dove esseri umani andranno a purificarsi con lavacri.

Non ricordava quell'oscurità nella casa di Mukesh per via dei tendaggi dai colori tetri che drappeggiano le finestre. Pavimenti e davanzali in marmo, atmosfera cupa. Sensazione di freddo, accentuata dalla temperatura eccessivamente bassa dell'aria condizionata. Nei ricordi, la rivede luminosa, festosa, ma forse lo era grazie alla presenza cristallina di Lakshmin. Mukesh Bhaskaran le viene incontro, porgendole le mani e stringendo le sue. Grande commozione nel suo sguardo e Mirna gli s'inchina come si può dinanzi a un Brahamani. Del resto, quella è la sua casta di appartenenza, quella più elevata e aristocratica, che è anche dei sacerdoti. Ma lui la tira a sé, abbracciandola. Un gesto sorprendentemente caloroso e confidenziale. Mukesh no, non sembra cambiato, se non nei capelli incanutiti. Del resto, i quattordici anni fra loro non rappresentano una grande distanza. Il seguito è come una specie di sogno sfocato. Tanto parlare, un fiotto continuo di parole, di domande, di ricordi, di risposte. Non si rende conto del passare delle ore. Quando le propone di leggere il diario nella stanza di Lakshmin, Mirna ha un sussulto. Vorrebbe rifiutare, ma non ci riesce, sa che lo offenderebbe e non si può offendere Mukesh, per rispetto a lui, ma soprattutto per rispetto a Lakshmin che aveva una così grande considerazione per il padre. Lo aveva definito *una mente illuminata*. Anche la stanza dell'amica ha pesanti tendaggi alle finestre e la luce proviene dal lampadario e dalle applique alle pareti. Vorrebbe tirare le tende e lasciare entrare la luce naturale del giorno, ma sa che non può prendere certe iniziative. Ricorda il grande giardino lussureggiante, dove così tante volte aveva passeggiato con l'amica. Quella stanza, quella casa, sembrano diventate una specie di sepolcro. Marmi e tappeti e illuminazione artificiale. C'è qualcosa che non riesce a comprendere ma che avverte prepotente e le dà malessere. Il diario. Non può fare a meno di pensare a Claudia nella casa della madre Giulia. Di come abbia trovato irriverente quella lettura. Invece a lei, Mirna, sembra inutile, adesso, leggere. Lei sa tutto dell'amica, anche quello che forse non ha scritto proprio per preservarlo dall'attenzione di chi avrebbe potuto violare le sue verità. Eppure, leggendo si commuove, si ritrova nei pensieri di Lakshmin. Nel suo sorriso, nella sua visione della vita di allora, quando non sapeva che sarebbe stata così breve.

O forse Lakshmin già lo prevedeva?

Verso la fine dell'ultimo quaderno, il quinto, Mirna scopre che sì, molte delle ultime pagine erano state tagliate. Dalla stessa Lakshmin? Risale alle date, scorre le ultime... non si parla mai di Vasuki. Di come la ragazza andasse fiera dei progressi che il ragazzo stava facendo. Di come avesse imparato a leggere e a scrivere in inglese e anche a parlarlo, sia pure scolasticamente. Nessun cenno all'entusiasmo di allora, a quella specie di innamoramento, un paria, sarebbe stato impensabile accostarlo a una donna di una casta così elevata. Estremamente impuro o blasfemo soltanto pensarlo. Eppure s'erano nutriti del latte della stessa madre, un segreto rimasto tale? Lakshmin aveva progettato di istruire Vasuki così che, una volta a Londra, sempre che lei fosse riuscita a farlo uscire dall'India, potesse vivere una vita da uomo libero. Libero anche di amare e di essere amato? Chi aveva tagliato le ultime pagine del diario di Lakshmin? Il sospetto le esplode dentro, una specie di fucilata. Chi aveva voluto la morte della sua amica? Chi l'aveva pretesa, imposta, decisa? Avrebbe trovato Mirna, adesso, il coraggio di fissare negli occhi Mukesh?

Chi aveva voluto impedire a Lakshmin di compiere quello che era, ed è ancora, considerato un sacrilegio?

Che cosa aveva scritto nelle pagine tagliate del suo diario? E perché tanta imprudenza? C'ero già io ad ascoltarla, a custodire il suo segreto, perché affidarlo a pagine di quaderno, dove chiunque, spiandola, avrebbe potuto scoprire il suo progetto?

Una colazione silenziosa per Mirna alla tavola imbandita di Mukesh. Un cameriere a servirli, in guanti bianchi, versa nei loro bicchieri del vino italiano. Lei si domanda come stia cavandosela Claudia in compagnia di uno sconosciuto come Fabio. E suo fratello che uomo è diventato? Un buon parlatore, brillante, piacevole? Può risultare affascinante? Fisicamente lo potrebbe. Potrebbero, i due, trovare fra loro delle affinità? A Mirna piacerebbe che ci fosse empatia fra loro.
Mukesh rompe il silenzio: – Parlami della tua amica italiana –. Si aspettava quella richiesta e in fondo ne prova anche sollievo perché, parlando, si può rompere il silenzio diventato imbarazzante e si supera un disagio. Finalmente racconta di Claudia, partendo dalla telefonata. Rammenta la forte emozione, le proprie fantasie certo campate in aria, la vita della ragazza, i drammi vissuti, la sua difficoltà a rapportarsi a estranei, specialmente dell'altro sesso.
– E, appunto, mi preoccupo di come possa trovarsi con Fabio, nemmeno lo conosce. E in fondo anch'io, non lo vedo da vent'anni, ho bisogno di ritrovarlo –.
Mukesh è un uomo intelligente e certo capisce di come Mirna si senta quasi sequestrata, in quella casa immensa, priva di luce naturale, quella sorta di luogo di espiazione. Ecco, il concetto è nitido e preciso: espiazione. L'uomo intuisce e le propone di tornare l'indomani con la sua amica. A lei suggerisce di alloggiare nella stanza di Lakshmin. Mirna scuote la testa. Questa volta, Mukesh non sa comprendere come lei

davvero preferisca evitare di alloggiare nella camera che fu di Lakshmin, l'amica, la sorella prescelta. Né Mirna oserebbe spiegargli che quella camera le sembra, ora, un sepolcro vuoto.

– Anche la tua amica può restare qui, ci sono molte stanze per gli ospiti. Ho davvero desiderio di conoscerla –.

Straordinario come si possa cambiare atteggiamento nell'arco di poche ore.

Promette che ne parlerà con Claudia e lo ringrazia per averla accolta, dopo tanti anni, come fosse una persona di famiglia. Parole formali, senza slancio. Come se, improvvisamente, le fosse entrato il freddo nel cuore. Spento anche l'entusiasmo del primo momento, nel calore dell'abbraccio di Mukesh. Le è tornata in mente una delle antiche sentenze delle quali Lakshmin sorrideva, ma che si conciliavano male col sorriso.

Il bestiame, la moglie, i figli, devono essere intesi come una serie di debiti. Se vanno alla malora, il debito si estingue. Non c'è quindi ragione di rammaricarsi.

Claudia, tornata in albergo è entusiasta della visita turistica in New Delhi. Parla, racconta, descrive, è inarrestabile.

– Di Fabio cosa ne pensi? – chiede Mirna, per frenare quello scroscio di parole.

– Semplicemente adorabile, mi piace molto. Sai, mi ha detto di quel suo progetto, insieme a Rajesh... della scuola. Stanno per inaugurare una nuova scuola, a Lucknow, per ragazzi europei e anche indiani della media borghesia, insomma per tutti, non soltanto per gli eletti. Tu ne sai più di me delle classi sociali in India. Sono state eliminate sulla carta, ma non nella realtà. Dal tempo in cui tu frequentavi le Superiori con la tua amica, le cose sono cambiate solo in teoria ma non in pratica –.

Mirna avrebbe la tentazione di chiedere anche a lei se, fra gli allievi, siano stati previsti i figli dei paria, ammesso che abbiano frequentato le classi precedenti, fatto improbabile. Ma tace, per non attirare l'attenzione su di un tema che non deve essere risvegliato. Cambia repentinamente argomento e informa Claudia dell'invito di Mukesh Bhaskaran. Trova eccessiva l'euforia della ragazza, avrebbe apprezzato un'allegria più contenuta. Ma Claudia sembra pervasa da una sorta d'ebbrezza sfavillante.

L'indomani, di buon ora, sulla macchina con l'autista, si trasferiranno nella casa principesca di Mukesh dove, per Mirna, ci sarà un'ulteriore sconcertante sorpresa. Aperti i tendaggi, la luce è libera di entrare, ci sono fiori, quasi fosse un giorno di gran festa per accogliere un'ospite importante; la casa appare tornata quella di una volta, quando Lakshmin era libera di muoversi fra quelle pareti familiari. Mirna riesce a dire che preferisce non alloggiare nella stanza che è stata di Lakshmin, spiega che le procura troppa sofferenza ricordare che l'amica non c'è più. Mukesh non sembra offendersi, anzi appare quasi sollevato, come in attesa di una qualche proposta e guarda Claudia, interrogandola con lo sguardo. La ragazza non lo delude.

– Potrei occupare io la stanza di Lakshmin? Mi piacerebbe molto, c'è un atmosfera mistica e radiosa in quella stanza... –. Certo, tirate le tende, non è più il sepolcro quale era apparso a Mirna il giorno prima. Tornata luminosa come in passato, con la finestra che si affaccia sul giardino rigoglioso, ancora di più ricorda a Mirna i momenti felici ormai perduti.

Alla tavola imbandita, ora siedono in cinque. La voce di Claudia sembra quasi un cinguettio festoso, Mukesh sorride spesso, le fa molte domande, sembra indagare e bearsi delle risposte argute della ragazza. Le chiede ragione del suo amore per l'India e per le sue tradizioni, da dove nasce e quando s'è sentita "chiamata". Chiede del suo interesse per la disciplina yoga, della pratica meditativa e dello studio delle varie filosofie. Claudia risponde, gli si rivolge quasi con familiarità entusiasta. Mirna invece ha come un blocco che le frena le parole. Fabio e Rajesh riescono a interrompere quel dialogo che li esclude, parlando della nuova scuola. E Mirna, perde un attimo il controllo e chiede di nuovo dei paria. La scuola sarà accessibile anche a loro?

– Cosa c'entrano i paria? –.

È proprio Fabio a rispondere, infastidito.

– Sono analfabeti, lo sai e, per i loro compiti quotidiani, non serve la scuola. Oltretutto, nessuno degli altri studenti li vorrebbe al proprio tavolo –.

Mukesh si è oscurato. Mirna lo fissa in attesa di un suo intervento. Non fu lui che, coraggiosamente e contro tutti, salvò la vita della figlia, facendola allattare da una femmina paria? L'uomo distoglie lo sguardo e propone di spostarsi in un'altra sala, in attesa del caffè. Si cambia argomento. Claudia adesso è silenziosa, sembra riflettere ma non fa domande. Mirna vorrebbe non aver fissato Mukesh in modo accusatorio.

Rajesh propone il viaggio a Lucknow nell'Uttar Pradesh, in un giorno seguente, per visitare la scuola così come è stata progettata e adesso completata. Con l'aereo privato della famiglia Bhaskaran, la distanza è irrisoria.

Sembra strano, ma non è stato più possibile un dialogo personale fra loro. L'unico momento, è la sera tardi, quando tutti si ritirano nelle proprie stanze. È Claudia a raggiungere Mirna nella sua.

– Finalmente sole! – esclama allegramente e non sa quanto l'altra abbia desiderato quell'opportunità.

– L'India ci ha divise? –.

Anche la voce di Mirna vorrebbe essere scherzosa, ma suona un po' sarcastica. È delusa e amareggiata.

– Impossibile che possano dividerci, siamo legate fino alla morte e anche di più – commenta Claudia. Compiaciuta di aver provocato un sussulto nell'amica. L'euforia di Claudia è così evidente che Mirna non si sente di contrariarla. Ascolta i commenti entusiastici, i progetti per i giorni successivi, l'ammirazione per luoghi e persone, per l'abbigliamento suggestivo delle donne indiane. Di quello, sembra entusiasmarsi in modo particolare, quasi fosse un elemento determinante.

– Rajesh ha promesso di farmi avere un sari e mi metterà a disposizione una donna, una cameriera che mi aiuterà ad indossarlo e mi truccherà e pettinerà come fossi un'indiana. Può sembrarti strano, ma qui mi sento a casa mia. Non posso indossare uno dei tanti sari di Lakshmin, peccato, nel suo armadio ce ne sono di bellissimi, ma sono molto più alta di lei. Tu l'hai conosciuta, dimmi com'era –.

– Era... Lakshmin. Non so descriverla –.

E intanto pensa: "Per Lakshmin, non ci sono parole, era semplicemente radiosa e ineguagliabile".

– Le volevi molto bene? –.

– Ci volevamo molto bene –.

Un sollievo che gli abiti di Lakshmin non siano della taglia di Claudia.

Nei giorni seguenti, la ragazza indosserà un sari, dei tanti regalati da Rajesh, nelle occasioni cosiddette più eleganti mentre, nella quotidianità, il salvar-kamiz, più pratico, così come lo è per le donne indiane più giovani. Mirna, contrariamente alla consuetudine del passato, si ostina a mantenere gli abiti europei. C'è improvvisamente, in lei, come un rifiuto. L'India senza Lakshmin, non è più la *sua* India, le appare quasi estranea. Mentre Claudia, invece, sembra galvanizzata, piena di vitalità entusiasta, come chi, dopo tanta lontananza, ritorna alla propria terra.

La ragazza è sempre più coinvolta nei progetti dei due amici e soci Fabio e Rajesh. È affascinata dall'eventualità di lavorare nella scuola di Lucknow. Un antidoto al dolore che le era sembrato incancrenito. Suo padre, sua madre, Giulia... Improvvisamente, figure nebulose.

Mirna, al contrario, sempre più chiusa in se stessa. Sensazione di colpa per aver ceduto all'insistenza di Claudia, per averla portata con sé. Distoglierla e convincerla a tornare in Italia con lei, col passare dei giorni, diventa più difficile.

Lakshmin, dolcissima e disarmante, avrebbe spiegato: "È il karma" non si può modificarlo. Rimpianto delle interminabili diatribe, del piacere di farsi persuadere dalla profondità delle sue argomentazioni. Ma dov'è adesso, Lakshmin? Chi è diventata?

Durante la prima settimana di permanenza delle due amiche, Fabio, dispensato dagli impegni lavorativi, ha fatto loro da accompagnatore, in un viaggio turistico per l'India. Aereo privato, auto con autista ad attenderli nei diversi aeroporti. Pernottamento in alberghi a cinque stelle. Turismo ricco. Nemmeno Mirna conosce certi luoghi. Non aveva viaggiato, al tempo della sua infanzia e adolescenza, attraverso i diversi Stati indiani. Suo padre era solito viaggiare da solo, sua madre intenta a piangere in segreto, chiusa nella propria stanza. Ora è tutto un percorso di meraviglie. Agra nell'Uttar Pradesh, Jaipur nel Rajastan, Madras nel Tamil Nadu. Il mausoleo del Taj Mahal; l'Hawa Mahal, il Palazzo dei Venti, arenaria rosata e marmo; il museo delle armi "Maharani Palace"; i templi millenari in pietra, sulla spiaggia nei dintorni di Madras, la Cattedrale di San Thome e così via.
All'interno del Taj Mahal, Claudia ha un malore, forse troppa gente e poco ossigeno. O la grande emozione, come chi ritorna in un luogo del quale ha memoria? Il mausoleo fu voluto dall'imperatore moghul Shah Jahan, nel 1632, in memoria della moglie adorata, ArjumandBanu Begun, morta prematuramente. Il Taj Mahal è considerato patrimonio dell'umanità, inserito fra le sette meraviglie del mondo moderno. Quali sensazioni può aver percepito Claudia all'interno? *Quante vite incompiute, Lakshmin?* Devono sostenerla a braccia fino all'uscita, dove le scimmie incuriosite faranno ala. Intenti a tenerle distanti, sempre col massimo riguardo, e anche frastornati dal gran caldo e dalla luce intensa, non hanno dato molta importanza a quel malessere la cui causa dovrebbe essere, invece, approfondita.

Le scimmie, così tante, fra i vari monumenti storici e artistici, una vera moltitudine, a saltare nei giardini pubblici e privati, a tuffarsi nelle piscine, ad alloggiare nei vari abitacoli antichi, ad avvicinarsi sfrontate, a balzare sulle auto e perfino all'interno quando i finestrini sono aperti. Tuttavia nessuno impedisce che si moltiplichino, sacre agli indiani, così come lo è tutto il mondo animale. Potrebbe reincarnare esseri umani, antenati che non hanno fatto buon uso della vita precedente. Causa ed effetto. Oltre alle scimmie, i vari questuanti, spesso insistenti fino a diventare fastidiosi. In prevalenza, si rivolgono ai visitatori occidentali, turisti facilmente distinguibili. Infatti, mentre si dirigono in spiaggia, alla periferia di Madras, un ragazzo, fra i molti che propongono l'acquisto di cartoline, masticando inglese, si avvicina a Mirna che indossa abiti europei. La donna si sofferma, gli dà ascolto, pur avvertendo la silenziosa disapprovazione del fratello. Sceglie qualche cartolina, quello chiede dieci rupie. Lei ha un foglio da cinquanta che, rispetto al cambio in dollari o in lire, sono ben poca cosa, per un indiano invece, molto. Il ragazzo prende la banconota: –Vado a cambiare e ti porto il resto –.
Più o meno, è il senso della sua risposta. E Mirna acconsente. Fabio commenta: – Gli hai regalato il guadagno di una settimana, non vedrai più il tuo resto –.
Mirna è amareggiata per la "parsimonia" assurda del fratello. Si allontanano lungo la spiaggia, senza aspettarlo. Visitano i vari templi, quasi intatti, nonostante l'erosione del mare e dei secoli. Sono piccole costruzioni, dove i santoni sostavano a meditare e i fedeli lasciavano loro cibo e bevande, davanti all'entrata. Dopo un'ora o poco meno, tanto dura il percorso, trafelato, li ritrova il ragazzo delle cartoline. Li ha cercati fino a quel momento. Porge le quaranta rupie di resto, lo aveva promesso. Sorprende quel gesto di straordinaria onestà, per non dire ingenuità. Perfino in un paese come l'India, citato per la propria spiritualità, non tutti sono miti e rassegnati, anzi spesso prepotenti e violenti e i venditori non brillano

certo per la loro correttezza. Il commercio è l'arte di trarre profitto, sempre a proprio vantaggio, in tutto il mondo e, molte volte, diventa truffa, della quale, quando riesce, l'autore si fa vanto. E gli orientali, anche in quell'arte, sanno eccellere. Mirna, prova tenerezza per quel ragazzo affannato e sudato: – Tieni tutto, te li regalo –. Lui scuote la testa e le mostra di nuovo le cartoline.
– Va bene, acconsente lei, dammi in cambio cartoline –.
Anche orgoglioso, oltre che onesto. Un episodio che smentisce Fabio e le rinfranca il cuore.

In albergo, Mirna e Claudia hanno camere comunicanti e, attraverso la porta aperta, si scambiano commenti e riflessioni, sugli eventi della giornata. C'è, fra loro, adesso, una strana forma di pudore che limita le loro conversazioni e le rende convenzionali.
– Trovi che mio fratello sia un uomo interessante? –.
Già glielo aveva già chiesto e lo ripete, quasi a voler suggerire chissà quale evenienza.
– Sì, lo è. Anche molto intelligente. Dovresti conoscerlo meglio di me.
– Per la verità, non ho ancora avuto molte occasioni di parlare con lui, a tu per tu –.
Per tale motivo, Mirna decide, una sera, dopo il rientro in albergo, di bussare alla porta della camera di Fabio. Instaurare un dialogo fra loro, tentare di ritrovarsi, chiedergli di dissuadere Claudia a trattenersi in India: questo si propone. Fargli capire la ragione per cui, lei, sorella, invece, rifiuta di restare con loro. In passato, poco più che adolescente, Fabio aveva amato Lakshmin. In ragione di quell'amore, Mirna vorrebbe spiegargli quanta sofferenza le costi prolungare la propria permanenza in India. Ma Fabio non capisce o non vuole capire, anzi insiste ancora per convincerla a restare. C'è disappunto in lui. Lo si avverte anche dall'inflessione della voce nel monosillabo di un saluto.
Quasi mezzanotte, Claudia è distesa, semiaddormentata, nel

letto di Mirna. Per essere certa di svegliarsi al ritorno dell'amica, spiegherà.

– Non ti dispiace, vero? –.

– Il letto è abbastanza grande per due. Così, stando vicine, è più facile parlare. Fabio mi ha detto che hai addirittura telefonato al direttore della banca per chiedergli come ottenere un periodo di aspettativa, dopo le ferie. Davvero non ti capisco, non trovo ragioni valide per una decisione così affrettata. A meno che non ti sia innamorata di Fabio o di Rajesh. In tal caso potrei giustificarti un po' di più. Altrimenti non vedo altro di così determinante, se non infatuazione o suggestione, un certo effetto ambiente, come capita a molti turisti che però non si trattengono e ripartono –.

– Fabio e Rajesh... sono straordinari e li amo entrambi, come amo te, come ho amato Giulia, come sento, adesso, di riuscire ad amare tutta questa gente e... l'umanità intera. Non è quell'innamoramento che pensi tu. È che qui, in India, mi sento bene, più sicura, più considerata. Sono felice come se fossi stata lontana a lungo e qualcuno mi avesse impedito di tornare. Penso perfino che certe mie esperienze tragiche facciano parte di un percorso obbligato per poter capire e ritrovare me stessa –.

Mirna cerca di convincersi che quell'esaltazione di parole sia frutto di una suggestione procurata, terreno facile, per una ragazzina come Claudia. Conosce la capacità persuasiva di Mukesh Bhaskaran, esperto conoscitore di certe pratiche orientali. La donna non può fare a meno di pensare che, però, non era stato in grado, o non aveva o voluto, a suo tempo, utilizzarle con la propria figlia. Per Lakshmin, fiducia assoluta e libertà di scelta, carta bianca. Chissà quanto doveva essersi pentito per le troppe concessioni. Strada invece facile con Claudia, una ragazza che si rifugia nelle proprie fantasticherie, che cerca un padre in alternativa al suo che l'ha delusa.

– Anche le tue sorelle e i tuoi fratelli e gli zii fanno parte dell'umanità che ami, però li abbandoni –.

– Li amo, ma non hanno bisogno di me. E non mi sento di

tornare in "quella" casa e accettare che la stanza dove è morta la mamma venga affittata. O incontrare Fabrizio Gorrieri in accappatoio, appena uscito dal bagno dopo una doccia. Magari anche ritrovarci tutti a tavola, la sera, Michele compreso, io che incontro il suo sguardo imbarazzato e infine mi sento un'intrusa –.

– Ecco, questa potrebbe essere una ragione plausibile – commenta Mirna. E insiste: – Ma non spiega come tu possa sentire più affini due individui appena conosciuti, in fondo due perfetti estranei fino a pochi giorni fa. Mi riferisco naturalmente a Rajesh e Fabio. Senza dimenticare Mukesh. Di loro conosci soltanto parole, quelle che hanno voluto che tu ascoltassi. Tu non sai quanto si possa nascondere nella loro mente, nelle loro intenzioni. Non sai quanto sappiano essere freddi e decisi, irremovibili nelle loro convinzioni radicate nel profondo –.

Ma Claudia seguita imperterrita.

– Può essere, ma tutti, se vogliono, sanno nascondersi dietro le parole. Resta il fatto che qui posso rendermi utile più che a contare soldi a uno sportello bancario, posso partecipare ad un progetto appassionante e sentirmi valorizzata. La scuola di Lucknow esiste già, non è una fantasia. E poi ho un sogno che mi è difficile spiegare ma che sento irresistibile e tu potresti aiutarmi. Anche per questo ti vorrei qui. Tu già conosci questa gente, tu potresti consigliarmi. Ti ha detto Fabio che ti vorrebbero come Direttrice della scuola? –.

E le spiega quanto vorrebbe conoscere *l'altra* India, la più estesa, quella della povera gente nelle baracche. Portare loro aiuto. Magari, semplicemente, istruire qualche bambino, un "senza casta", parte di quella stessa India, eppure una specie umana emarginata, la più infima, la più misera. Un figlio dei paria. Uno soltanto e poi potrebbe essere lui, in futuro, a seguitare l'opera con altri. Insomma un primo seme che riesce a germogliare fino a diventare una pianta che produce molti frutti e nuovi semi. Sa bene, Claudia, che Fabio e Rajesh glielo impedirebbero, se soltanto supponessero tali propositi, tanto più si opporrebbe Mukesh Bhaskaran, così granitico dall'alto della propria posizione privilegiata. Per questo Claudia conta sulla maggior esperienza e conoscenza, oltre che ascendente, di Mirna, su quella famiglia che conosce fin da bambina.

– Oppure, fondare una specie di società segreta, tu ed io, alloggiando e quindi dormendo nella scuola. Ci sono stanze per gli insegnanti. Sono spartane, ma nello stesso tempo confortevoli, le hai viste anche tu. Saremmo lontane dal controllo di Rajesh e di Fabio. Di notte, qualche bambino paria potrebbe sgattaiolare nella nostre stesse stanze... Un paio d'ore d'insegnamento notturno, chi mai potrebbe scoprirlo? –.

Per Mirna un incubo. Sembra la rivisitazione di fatti conosciuti, un dramma già vissuto. Come si spiega che soltanto in poco più di una settimana in Claudia sia nato quel proposto? A volte i pensieri seguono le parole piuttosto che il contrario, così si spiega l'ingenua impulsività di Claudia.

– Tu non sai com'è morta Lakshmin. Non te ne ho mai parlato, ma ora forse è il caso –.

– Finalmente! Tuo fratello e Rajesh mi hanno accennato ad un incidente, quando ho chiesto. Ma ho capito che preferiscono non rivangare. Finalmente mi racconterai –.

Mirna parte subito diretta, senza indugi, senza preamboli. Nei dettagli entrerà dopo.

– Lakshmin è stata pugnalata a morte da un fanatico, o un sicario che, magari, a sua volta, dopo il delitto, è stato fatto sparire. Esattamente come prima erano spariti Vasuki e Lilith. Io ero accanto a Lakshmin, quando fu pugnalata e puoi capire quanto mi faccia soffrire parlarne, ma trovo necessario farlo per te. E poi, da chi è partito l'ordine di uccidere Lakshmin? Sai quanto me lo sono chiesto in questi giorni? –.

La sua voce procede, inanellando veloci e affannate parole. E quando Claudia precisa che, nel diario di Lakshmin, non si fa alcun cenno a Lilith e Vasuki, Mirna le fa notare le pagine mancanti, strappate da chi?

– Non conosci quanto stava scritto nelle pagine strappate del suo diario, ma chi le ha strappate sì, lo conosce. Forse chi, dopo averle lette, ha armato la mano dell'assassino? –.

Quel sospetto le rode il cervello come un tarlo, fin dalla lettura del diario. Ha cercato di convincersi che Mukesh, dopo la morte della figlia, abbia soltanto voluto cancellare ogni traccia che avrebbe macchiato l'onore della famiglia e della casta stessa, senza però alcuna responsabilità personale nell'assassinio della figlia. Dopo, o prima dell'omicidio, era stato ritrovato il diario? Il dubbio resta. Già gli era stata perdonata la contaminazione a causa della nutrice paria, arrivando a un compromesso. Ma, per una discendente della casta Brahamishi, la promessa sposa di un principe brahamani, che si propone di riscattare un candala, un senza casta, non può esserci perdono. Impossibile passare sopra un oltraggio così smisurato, un'onta imperdonabile. Chi aveva voluto, o dovuto, cancellare quel progetto sacrilego? E se... Se invece fosse stato Rajesh, a ritrovare il diario, spiando per semplice curiosità la sorella e poi avesse riferito, oppure agito di propria iniziativa, convinto di essere nel giusto... nel rigore di certe leggi mai superate..? Se.

La stupisce lo scarso coinvolgimento, anzi distacco, di Claudia al suo racconto. Eppure, l'accoramento nella sua voce, dovrebbe aver rivelato quanto le sia costato risalire a quei giorni. E quanto la sua partenza sia il solo mezzo di aiutare l'amica a rinunciare, o almeno rimandare, certe iniziative. Forse negli anni, trasformando se stessa, imparando l'indi, trovando una complicità fra la gente locale, dando fiducia senza mai certezza, Claudia potrebbe accarezzare la tentazione di cambiare l'impossibile in India. Tentazione che è anche quella di molti occidentali in terra indiana, proprio perché non hanno in loro né radici né approfondita conoscenza storica di quella nazione.

Il commento di Claudia è lapidario: – Lakshmin era la figlia di un autorevole membro del Consiglio Brahamishi. Io no.

Sono un'occidentale, un'italiana, non soggetta alla legge delle classi privilegiate in India –.

Claudia sembra non sospettare quali fantasie si sia fatto Mukesh su di lei. Ha considerato normale l'espansività di lui, un'ospitalità così confidenziale e generosa, in un uomo in realtà molto schivo e rigido, ancor di più dopo la morte della figlia. Mirna non si sente di toccare quel tasto, passerebbe per pura follia, o sosterrebbe, assecondandola, la determinazione di Claudia. Le ragioni del karma. Quanto era rimasto incompiuto doveva essere completato. Si sente in colpa per aver parlato con Mukesh, in certi termini, raccontando di Claudia, durante quel loro primo incontro. Perfino della prima telefonata, gli ha riferito e confidato la propria emozione. Convinta di predisporlo ad accogliere più volentieri l'amica nella sua casa. E, infatti, c'è riuscita. Se invece fossero rimaste in albergo... Se.

– Vero, sei un'occidentale. Un'estranea che non ha il diritto d'intromettersi nelle loro questioni –.

– Quindi non mi sosterrai. Senza il tuo aiuto non riuscirò mai. Tu conosci bene questa gente, sei stata parte di loro. Adesso li rinneghi, ma sei ancora "una di loro" –.

– Io torno in Italia fra venti giorni. Non cambio idea. L'India per me rappresenta un dolore mai superato e, ritornata qua, non ne subisco più il fascino, anzi la rifiuto. Per me l'India e Lakshmin erano un tutto unico. Senza di lei mi sento estranea –.

– Non preoccuparti per me. In fondo, mi conosci da pochi mesi. Non c'è stato il tempo di un legame profondo e ti sono grata per tutto quello che hai fatto per me. Se vuoi andare, posso capirti. E poi ci sarà sempre il modo di comunicare via telefono, o per posta –.

C'è dell'ironia nelle sue parole?

Claudia non dà la giusta misura della tragedia nel passato di Mirna. Non riconosce l'importanza delle rivelazioni ricevute. Mirna di nuovo si pente di aver parlato. Per salvare Claudia, ha tradito il segreto di Lakshmin. La ragazza s'è di nuovo girata su un fianco, dandole le spalle. La rivelazione non l'ha sconvolta, anzi come pacificata e resa più serena. Forse perfino orgogliosa e lusingata che l'amica "adulta" si sia infine confidata con lei. Il respiro le si fa presto più rado, è privilegio della sua età, addormentarsi così velocemente. Mirna sa invece che non riuscirà a prendere sonno e poi l'alba è vicina. Le sue labbra si muovono in un sussurro: – Non farlo Lakshmin, tu dovresti sapere a quali rischi vai incontro –.

 Non sa come le sia uscito il nome Lakshmin piuttosto che quello di Claudia.

Claudia si gira di scatto, quindi non sta dormendo, i suoi occhi verdi spalancati: – Come mi hai chiamata? –…

– No, no… Scusami. Un lapsus. Dopo tanto parlare di lei, sto ancora pensandola. Da quando Lakshmin mi ha lasciata, mi capita a volte di dialogare mentalmente con lei. Come se potesse ascoltarmi e rispondermi –.

– Ah, sì. Capita anche a me con Giulia. Almeno mi capitava –.

Anche Mirna, dopo l'incontro con Claudia, non è più riuscita a rivolgersi in modo diretto a Lakshmin, pur pensando a lei. Analogie fra loro. Claudia ha chiuso gli occhi, le ha girato ancora una volta le spalle, già dorme di nuovo.

India addio

Il tempo scorre lento in India. Tutto sembra essere ripreso alla moviola, rallentato, difficile notare qualcuno per strada muoversi a passo veloce, o un ciclista che pedali in fretta. Nemmeno le auto riescono a guadagnare velocità, destreggiandosi nell'ingorgo del traffico. C'è una foschia che avvolge tutto, uomini, animali, mezzi di trasporto. Smog misto all'evaporazione del Gange e del sudore umano. Annerisce le narici e disturba la respirazione. Profumi intensi e odori putrescenti. Nonostante sia alto nel cielo, il sole è pallido, oltre la coltre di fuliggine. Il tempo scorre lento in India, eppure quell'ultimo mese è volato in una sorta di sogno, o dormiveglia. La data del ritorno, prevista dal biglietto aereo prepagato, è arrivata, senza rinvii o ripensamenti. E Mirna non torna sulla propria decisione di partire.

L'accompagnano all'aeroporto. Fabio, Rajesh, Claudia. Un tragitto silenzioso, carico di pensieri. C'è ancora qualcosa di sospeso fra loro, domande che nessuno rivolge all'altro, risposte che nessuno vorrebbe dare o ricevere. Si abbracciano fuori dell'entrata, al limite concesso per chi accompagna. Solo i passeggeri in partenza possono superare quel limite e dirigersi al chek-in. I tre restano oltre la vetrata di protezione. Sembrano tristi, forse un po' commossi, più facilmente delusi, forse perfino risentiti, per quella sua ostinazione a voler ritornare in Italia. Ciascuno, fino all'ultimo, ha sperato di riuscire a convincerla, così come Mirna ha sperato, in senso inverso, di convincere Claudia a partire con lei. Del resto, niente vieta che, in prossimo futuro, o l'una o l'altra, possa ripensarci.

Prima del passaggio al "metaldetector", Mirna si volta ancora una volta, a salutare quei tre, dietro la vetrata. Improvvisamente, li percepisce nella loro identità, simili e affini fra loro, anche se apparentemente diversi. Asessuati. Anime ancora legate alla memoria sbiadita di ciò che sono state e, nello stesso tempo, alla ricerca di ciò che vorrebbero essere. Mirna invece è consapevole della propria fisicità che fa parte del presente e non intende tradirla. Nonostante il passato e nonostante Lakshmin. Un ultimo cenno della mano, lo sguardo al viso pallido di Claudia, la ragazza, alta e slanciata, assurdamente ostinata a vestirsi alla maniera indiana, che non riesce a renderla fisicamente indiana.

Sottovoce, un pensiero tradotto in parole appena mormorate, spontanee e quindi incontrollate: – Addio Lakshmin –.

Claudia, che ha letto il movimento delle sue labbra, ha un'espressione stupita e dolente. A sua volta, interroga con un'unica sillaba:

– Why? –.

Il resto della frase, why *do you call me Lakshmin,* rimane pensiero.